高濱正伸

Masanobu Takahama

父親ができる最高の子育て

ポプラ新書

123

父親ができる最高の子育て／目次

巻末

序章

家族の9割はうまくいっていない

父親も母親も孤独である

まず、ABCの図を見てください。

あなたの家庭は、AからCのどの図にもっとも近いでしょう？

Aは、母親と子どもが一心同体のように関係が濃く、父親はかやの外です。子どもは母親の言うことしか聞かず、父親が何を言っても反応もしない。母親も夫との関係をあきらめていて、それが子どもにも伝わっている状態。子どもが父親を粗末(そまつ)に扱うこともあるでしょう。家庭としての温かさには欠けています。

Bは、子どものことについては夫婦ともに大切に思っており、愛情も注いでいる。子どもは母親とも父親ともいい関係を築けています。ただ、夫婦関係で言えば、子どもがいないときには夫婦の会話は少ない。夫婦仲が悪いとまでは言いませんが、子どもが独立したあと離婚してしまうかもしれません。

Cは父親と母親がしっかり協力できていて、夫婦として安定していると言えます。子どもにもそれが伝わっているので、自分の居場所はここだという安心感が持てている状態です。

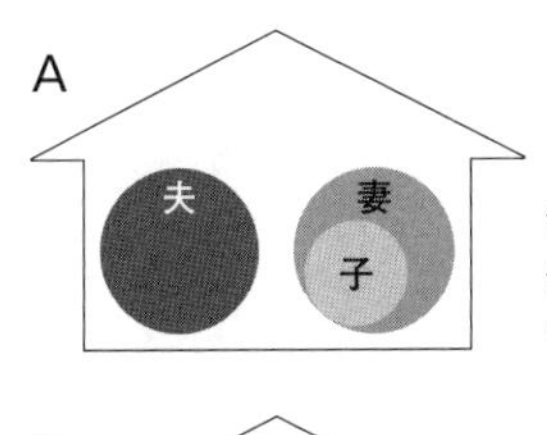

母子一体となってしまっていて、夫の居場所がない。父親は子どもにも妻にも見放されている。

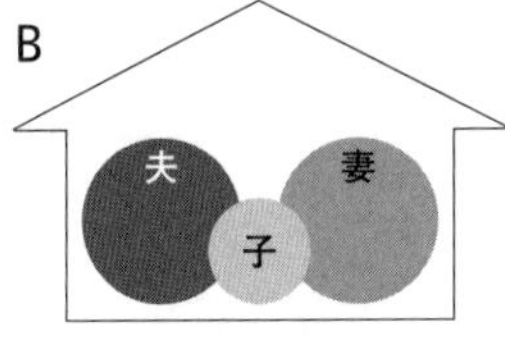

夫婦ともに子どもが大事という点では共通しているが、夫婦の距離は離れている。夫婦としての共有ゾーンがない。

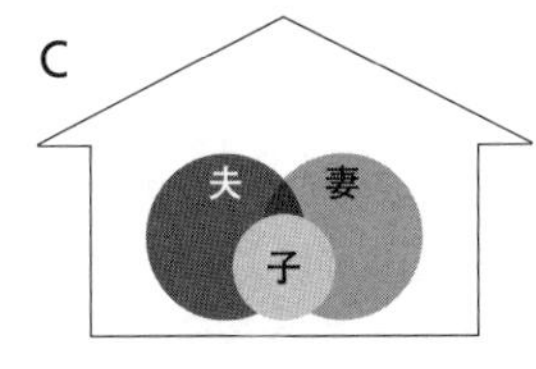

夫婦で協力して子育てができており、子どもは安心感に満ちた家庭で育っている。

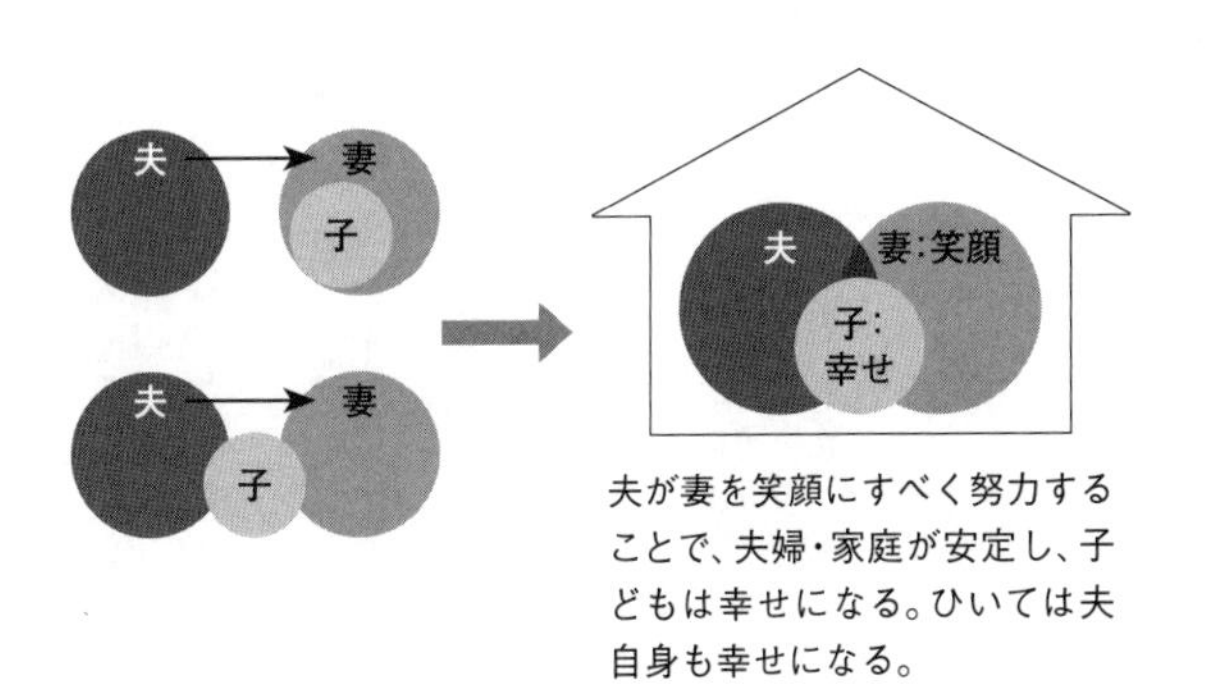

夫が妻を笑顔にすべく努力することで、夫婦・家庭が安定し、子どもは幸せになる。ひいては夫自身も幸せになる。

わたしが主催する「花まる学習会」でお会いする方たちの話を聞いていると、入会時点ではAやBの家庭が9割です。仕事が忙しくて、時間的にも精神的にも家族とかかわることが困難なのです。それどころか、家に帰るのが億劫（おっくう）になって「帰宅拒否症候群」に陥っている父親もいるようです。

多くの父親は、家庭に〝居場所〟がないのです。

そして、こうした父親不在の家庭で子どもを育てている母親もまた〝孤独〟です。

一昔前までは、母親は地域コミュニティの中で子育てをしていました。でも、今は違います。地域とのつながりが希薄になり、マンションの隣に住んでいる人の顔もわからないという方もいるでしょう。仕事をする母親も増えていて、仕事と家庭の両立に日々追われています。

すでに実感されているかと思いますが、内閣府が2013年に出した共働き世帯数の推移（図1）を見ても、家庭環境の変化というものがわかるでしょう。1996年（平成8年）を境にして、働きに出る母親の数が増えているのです。

図１●共働き世帯数の推移

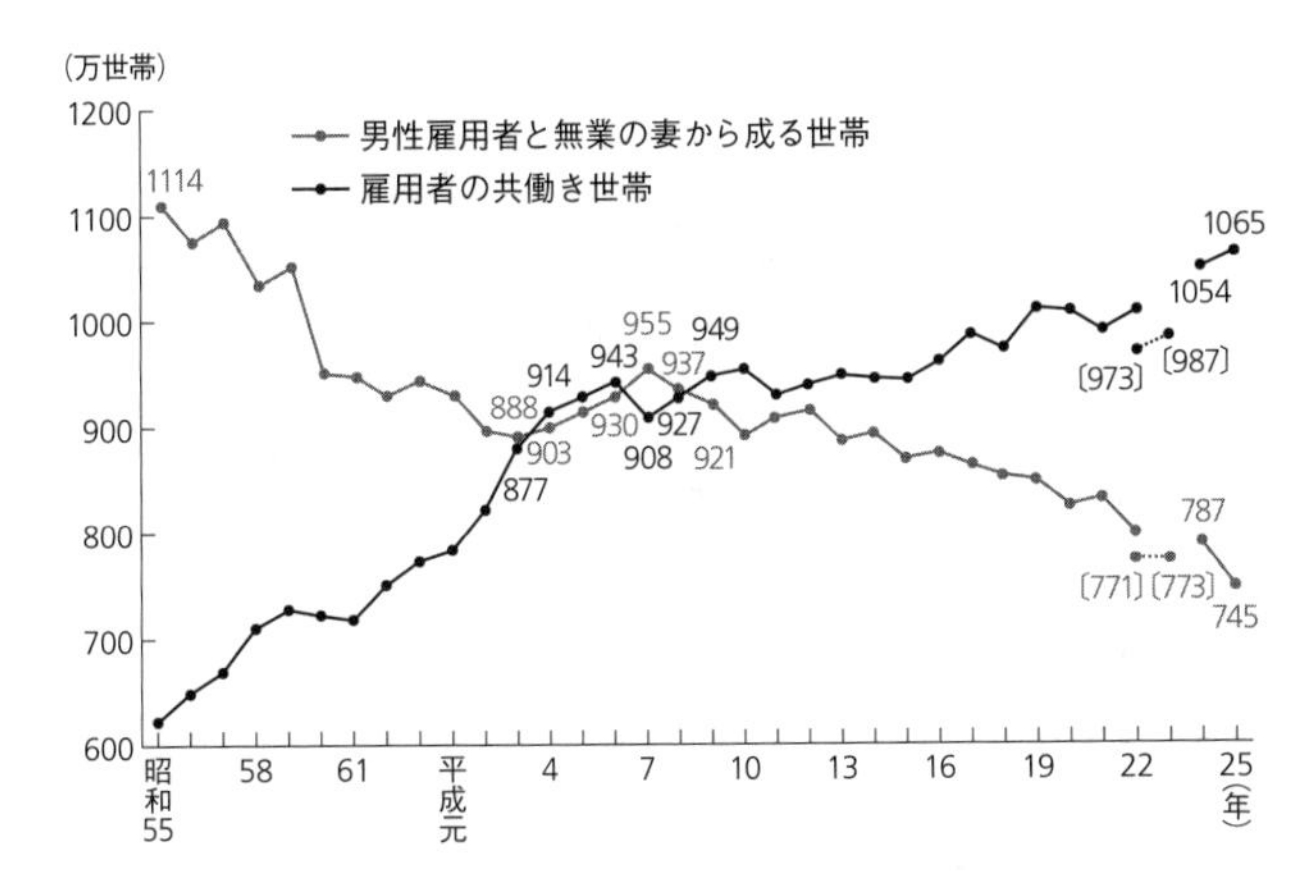

〈備考〉

1、昭和55年から平成13年まで総務庁「労働力調査特別調査」(各年2月。ただし、昭和55年から57年は各年3月)。14年以降は総務省「労働力調査(詳細集計)」(年平均)より作成。「労働力調査特別調査」と「労働力調査(詳細集計)」とでは、調査方法、調査月等が相違することから、時系列比較には注意を要する。

2、「男性雇用者と無業の妻から成る世帯」とは、夫が非農林業雇用者で、妻が非就業者(非労働力人口及び完全失業者)の世帯。

3、「雇用者の共働き世帯」とは、夫婦ともに非農林業雇用者の世帯。

4、平成22年及び23年の〔　〕内の実際は、岩手県、宮城県及び福島県を除く全国の結果。

家庭環境が変化し、いつの間にか父親と母親と子どもの間に距離ができやすくなりました。

わたしは30年以上教育の現場で子どもたちと向き合ってきましたが、時代の変化によって子どもたちが変わったところはありません。むしろ社会の変化の中で、家庭環境が変わっていくことにこそ危機を感じます。

父親に対する悩みが減らないワケ

わたしは1993年に「メシが食える大人を育てる」という理念のもと「花まる学習会」（当時は勉強会）を立ち上げました。授業はもちろん野外体験教室を開き、学力だけではなく様々な困難に対峙できるような、いわば生きる力をのばすことを徹底的に意識してきました。

こんなデータがあります。2010年の国立青少年教育振興機構の報告書によると、20代～60代の世代別調査で年代が若くなるほど、子どもの頃の自然体験や友達との遊びが減っています。一方で、子どもの頃の自然体験や友達との遊びが豊富な人ほど大人になってからやる気や生きがいを持ち、規範意識も高く、人間関係能力（コミュニケーション能力）も高いという結果が出たのです（図2、3参照）。

社会人として生きていくうえでは、偏差値的な頭のよさだけではなく、内面の充実や社交性といったものが重要であることを多くの方が実感していることと思います。

また子どもがもっとも変化する要因のひとつは「親」であるということに、「花まる」で多くの親子と出会う中で気づかされました。成長段階にある子どもにとって情緒が安定した環境で育つことが、学力を上げるうえでも心の成長にとっても何より重要なのです。「花まる」で家庭環境の安定した子どもとそうではない子どもでは、学力の伸びが明らかに違うことを感じたのです。「花まる」にいるときは元気なのに、帰る時間になると途端に元気がなくなる子どももいて、これはどういうことなのだろうと疑問に思ったこともありました。生活の基盤がしっかりしていなければ、心身の成長はあり得ないのです。

図2●子どもの頃の体験が豊富な大人ほど、やる気や生きがいを持っている人が多い

子どもの頃の「自然体験」や「友だちとの遊び」、「地域活動」等の体験が豊富な人ほど、「経験したことのないことには何でもチャレンジしてみたい」といった「意欲・関心」や、「電車やバスに乗ったとき、お年寄りや身体の不自由な人には席をゆずろうと思う」といった「規範意識」、「友だちに相談されることがよくある」といった「人間関係能力」が高い。

■とてもあてはまる ■ややあてはまる ■あまりあてはまらない ■まったくあてはまらない

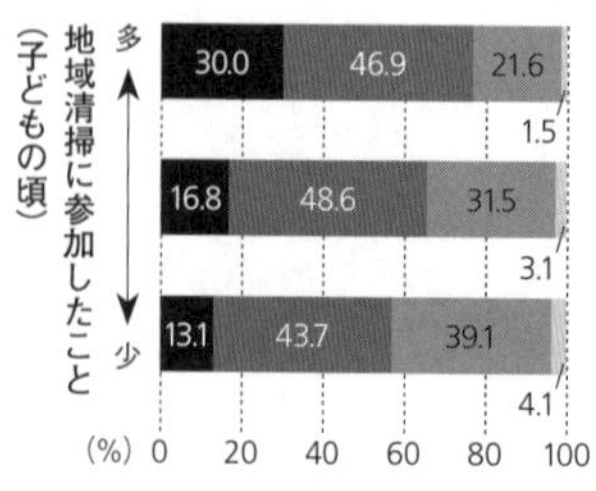

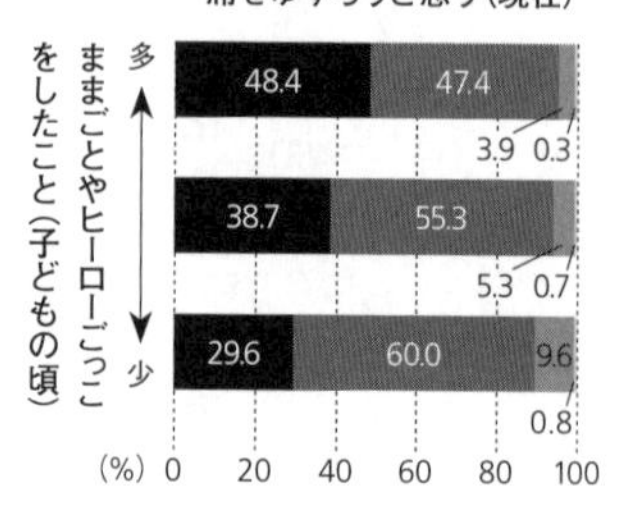

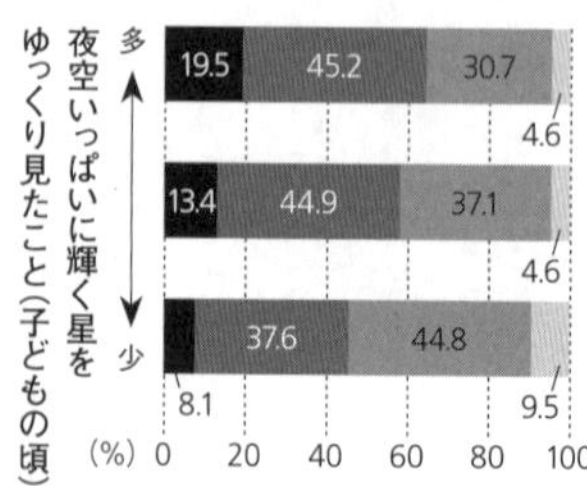

［意欲・関心］ もっと深く学んでみたいことがある／なんでも最後までやり遂げたい／経験したことのないことには何でもチャレンジしてみたい／わからないことはそのままにしないで調べたい／いろいろな国に行ってみたい

［規範意識］ 叱るべき時はちゃんと叱れる親が良いと思う／交通規則など社会のルールは守るべきだと思う／電車やバスの中で化粧や整髪をしても良いと思う／電車やバスに乗ったとき、お年寄りや身体の不自由な人には席をゆずろうと思う／他人をいじめている人がいると、腹が立つ

［人間関係能力］ 人前でも緊張せずに自己紹介ができる／けんかをした友達を仲直りさせることができる／近所の人に挨拶ができる／初めて会った人とでもすぐに話ができる／友達に相談されることがよくある

図3●年代が若くなるほど、子どもの頃の自然体験や友だちとの遊びが減ってきている

「夜空いっぱいに輝く星をゆっくり見たこと」といった「自然体験」、「弱い者いじめやケンカを注意したり、やめさせたこと」といった「友だちとの遊び」が若い世代ほど少ない。一方、幼少期での「家族の誕生日を祝ったこと」といった「家族行事」は若い世代ほど増えている。

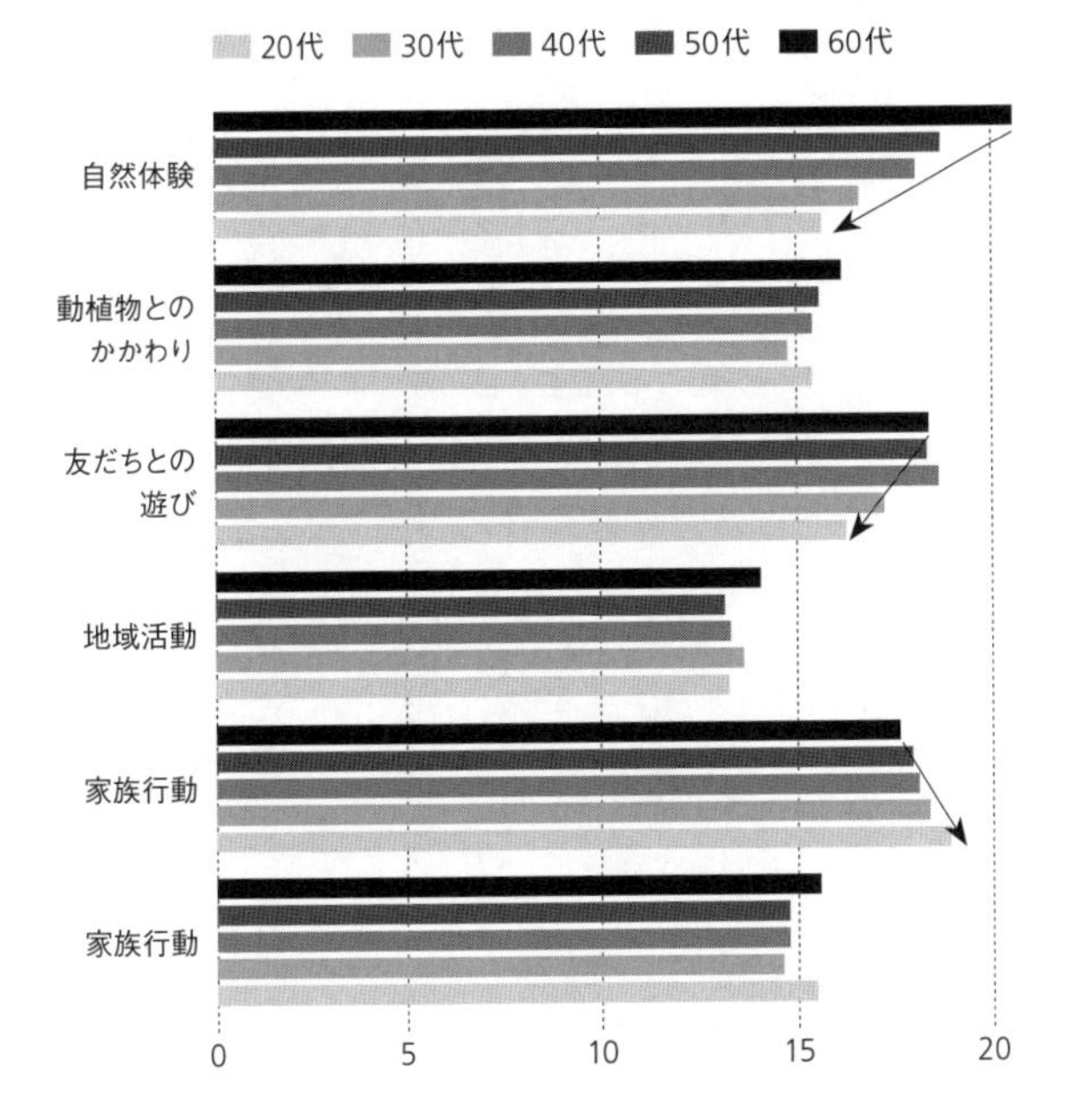

「自然体験」に関する5項目

海や川で貝を採ったり魚を釣ったりしたこと／海や川で泳いだこと／太陽が昇るところや沈むところを見たこと／夜空いっぱいに輝く星をゆっくり見たこと／湧き水や川の水を飲んだこと

「友だちとの遊び」に関する5項目

かくれんぼや缶けりをしたこと／ままごとやヒーローごっこをしたこと／すもうやおしくらまんじゅうをしたこと／友人とケンカしたこと／弱い者いじめやケンカを注意したり、やめさせたこと

そこで始めたのが子どもの親を対象にした母親学級。開始から20年以上になりますが、うまくいき始めたのは10年ほどたった頃からでした。始めた頃は子どもや家庭環境についてアドバイスすると、「先生は青い」などと言われてしまうこともありました。母親学級を始めた頃は教育者でありながら、子どもたちの母親の気持ちがわかっていなかったのです。

今ではおおむね好評を得ていますが、学習塾の母親学級であるにもかかわらず、開始当時からずっと相談事の上位には、夫に対する悩み、不満があります。

イクメンブームなどもあって、講演会にも父親の姿が目立つようになっていたので不思議に思っていました。父親の育児への意識が高まっている反面、父親向け講演会のアンケートに寄せられる声には「妻とどう接していいかわからない、子どもとどう接していいかわからない」というものがほとんどなのです。

子どもや家族のために何かをしたいという意欲を持つ父親が多いのですが、父親自身どうしていいかわからないのが現実なのです。

子どもを伸ばすために父親ができることは無数にあるはずです。父親にしかできないこと、というのもあるでしょう。その中で一番最初にできる、もっとも効果的なことは「夫婦の関係をよくすること」です。

そんなこと、と思われるかもしれませんが、なぜなのかは第１章で述べていきます。

この本では子どもを伸ばすために父親ができることをテーマに、父親だからこそ築くことができる「妻との関係」「子どもとの関係」を考えていきます。

父親たちの変化

わたしは父親が子どもに意識を向けるようになってきているという変化には、とても期待しています。先日行った講演会では父親向けと銘打っておらず、また、平日午前中の開催だったにもかかわらず、参加していただいた３００名の父兄のうち実に30名程度が父親でした。10年前では考えられないことです。

以前は、父親向けの講演会で「お母さんも大変なんですよ」と言うと、「母親の立場に立ち過ぎだ」といった不満の声があがりました。日ごろのお仕事の疲れか客席で眠っている方もいて、講演会に来たのは妻に言われて嫌々だというのが見て取れました。

それが、最近とある父親向け講演会でこんなことがありました。

小学5年生の息子を持つ父親が、講演会で話を聞いているときに、思わず子どものことを思い出して涙が出たと言いました。どうしたんですか？　と聞くと、最近妻とケンカをして、自分の正しさを主張するあまり妻をどんどん追い詰めてしまったと言います。そのときに、息子さんがとても悲しそうな顔をしていたことを思い出したそうです。

わたしが講演会で話した「妻が笑顔でいてこそ子どもは幸せ」という話を聞いて、自分は妻を責めることで妻だけでなく子どもも不幸にしていたんだと気づいて、思わず泣いてしまったのです。でも、その父親は言いました。「まだ間に合いますよね」と。

もちろん、間に合います。

第1章

父親がすべきたったひとつのこと

母親といい関係を築く子どもは出世する

アメリカのハーバード大学が２０１３年「何が人を幸せにするか」という調査結果を出しました。75年をかけ、２６８人の男性について大学在学時から社会人になるまでを追跡し、ＩＱや生活習慣、家族との関係などあらゆる角度から分析したものです。

中でも注目すべきは、その調査の中で「現在温かな人間関係を築けている」というポイントが高かった男性の年収は、平均して14万１０００ドル（１４４０万円程度）で、高年収だということがわかったのです。また、ＩＱ１１０〜１１５の男性とＩＱ１５０以上の男性を比較したところ、収入の差はほとんどない、とのことでした。

一般的に「頭がいい人は仕事で成功する」と思われがちですが、この調査結果においては、ＩＱと仕事の成功や収入との強い相関関係は見られなかったのです。

さらに、幼少期に母親と温かい関係を築けていた男性は、そうではない男性と比べて年収が平均8万7000ドル（890万円程度）も高いという結果が出たのです。温かな人間関係を築けるかどうかは幼少期の家庭環境に影響しますから、子どもが仕事で成功するかどうかということの大きな要素のひとつに、子どもと母親との関係がよいかどうかということが言えそうです。

わたしの知り合いの経営者にこんな人がいます。

写真やイラスト、動画などのデジタル素材をオンラインで販売する「PIXTA」という会社があります。東証マザーズに上場していて、年商13億を超えるまでに成長したこの会社を立ち上げたのが、古俣大介（こまただいすけ）さん。1976年生まれの40歳です。

古俣さんの父親は会社を経営していたのですが、彼が小学1年生のときに会社が倒産。そのあとは母親も働くようになり、家計を支えていました。

彼自身はというと、中学校から高校にかけていわゆる不良で、それも本人いわく「二流の不良」。大きな事件は起こさないまでも、たばこを吸って補導さ

れたりしたこともあったそうです。彼と話していたときに、

「お母さんが忙しくて大変だったんじゃないですか」

と聞くと、こう話してくれたことが記憶に残っています。

「いや、むしろ、母親が夜の20時頃大急ぎで仕事から帰ってくる姿を見ると、ぼくたちのために一生懸命なんだな、こんなことをしてる場合じゃない、しっかりしなければ、と思ったことを覚えています」

母親に対する感謝や信頼が根底にあることが、学生時代の古俣さんを支えていたのかもしれません。

古俣さんの母親は、自分で立ち上げたお店を経営していたので、とてつもなく忙しかったそうです。仕事をしながら家事もしていて、20時に帰ってきてすぐにご飯を作るという毎日。疲れてイライラして家族に当たったりしてもおかしくない状況ですが、そんなことはなく、とても明るかったそうです。

経済的に苦しいうえに忙しくて、子どもは学校で問題を起こすこともあった。それでも不安定になることなく明るく生活をしていて、子どもに健やかな愛情

を注げる。それはなぜかと考えると、大きな要因として夫婦関係の良さがあったのではないかと古俣さんは言います。

「両親は仲良くしてましたね。会社が倒産したときも、『じゃあ、わたしも働くわ』という感じで、母は特に父を責めることもなかったんですよ」

古俣さんのご両親は、どちらが稼ぐか、どちらが家事をするかという役割分担ではなく、「夫婦2人でこの家庭をやっていく」という気持ちが共有できていたのだと思います。お互いを思いやりいたわることができる、パートナーとしての信頼関係ができていたのですね。

古俣さんの母親も、まったくストレスがなかったとは思えません。疲れがでたり、時には不安に思うこともあったでしょう。ですが、それがすべてにならなかったんですね。

子どもを持った母親は変わる

実際の家庭では、なかなかそうもいっていられないというのが現実かもしれません。

「ウチの夫は、ぜんぜんわたしの話を聞いてくれないんですよ」

母親たちからよく出てくる、嘆きとも怒りともいえる言葉です。

わたしも家庭では「父親」の立場なので、そう言われると「そんなことないのになぁ」と思うことがあります。

母親の「聞いてくれない」という訴えの根底には、父親への不満と不安があります。子どもを持った母親というのは、父親が想像する以上に神経をすり減らして子どもを育てているのです。

2011年朝日生命が行った、0歳～12歳の子どもを持つ働く母親1000名を対象に行った全国アンケートでは、「自分・夫・子ども」の大切に思う比率を聞いたところ、全体のうち46・7%を子どもが占めているのに対して、夫は17%、自分は20・8%でした。父親の立場としてはちょっと悲しくなってしまう結果ですが、それだけ子どものことを大切に思っているということなのです。また、もしものことがあった場合一番の心配ごとは89・9%もの母親が子どもの世話だと答えました。

母親は子どものことをいつも考え心配する存在です。それゆえ過保護になりすぎて、子どもに対して本当は言いたくないことを言ってしまうことがあります。

テストの点数に過敏に反応して「勉強ができない」と言ってしまったり、きょうだいで比べて「なぜお兄ちゃんにできることがあなたにはできないの？」などと言ってしまったり。子どもとの精神的な距離が近いあまり、瞬間瞬間で冷静に接することができないときがあるのです。「花まる」の母親面談でもそんな話をよく聞きます。

「小6の娘はいつも言うことを聞きません。高学年になって中学受験に向けて勉強を始めたというのに塾の宿題も自分から始めようとしてくれません。毎日朝から晩まで娘のことが気になってついつい口を出してしまいます。朝の『起きなさい！』に始まり、『お茶碗は持ってたべなさい』『部屋の掃除をしなさい』など、いくら言ってもいっこうに聞いていなくて、聞き流しているようなのです」

「叱るつもりはないのに自分の心をコントロールできず、小学生の息子についつい声を荒らげてしまいます。気づくと子どもがおびえていることもあって。叱ったあとに深い後悔の気持ちがおそってきます」

いくら評判の育児書に「子どもを誉めて」と書かれていても、いつもそうはいってられません。苦しそうに「誉められないんです」とおっしゃる方がいかに多いことか。「あんたなんか生まなきゃよかった」と口走ってしまった、という余裕のない母親の話も聞いたことがあります。

そんなとき、母親と子どもの間に入っていけるのは父親なのではないでしょうか。父親が余裕のない母親の気持ちを受け止め、子どもに何かあれば夫婦で共有していくことができれば、こんな状況も少しずつ変わっていくのではないかと思います。

これだけ子どものことをいつも気にかけている母親ですから、まずはその不安や心配な気持ちを理解してくれたら、どれだけ嬉しいことでしょう。

母親が子どもが学校に行かなくて困っているという不安を口にしたとき、「そのうち行くようになるだろう?」「無理矢理にでも連れて行ってみれば?」などと答えていませんか。

そんなとき母親は「なぜ本気で心配してくれないのだろう」と思っているかもしれません。まずは母親の心配ごと、子どもの状況を聞くことです。父親が思っているよりも時間がかかるかもしれません。しかし、そうすることが母親の不安を取り除き、子どもの問題を解決することになるのではないかと思います。

父親とは違う!?　母親の感性を知る

数多くの母親と接する中で、子どもへのきめ細やかな感性に驚かされることが多々あります。もちろん、ハウスハズバンド（主夫）としてしっかり役割を果たしている父親もいますし、そのこと自体を否定はしません。

わたし自身の話になりますが、まだ子どもが小さい頃、妻が出かけるときにわたしに言いました。「今日は涼しいから、Tシャツの上に一枚着せてね」と。「わかった」と言って、わたしは子どもにセーターを着せました。夕方になって帰ってきた妻が、「どうしてこれを着せたの」と言うので、「どうしてって……、寒いからセーターかなと思って」と答えました。

妻は、「真冬じゃないんだから、まだセーターは早いでしょ。それに、Tシャツの上にセーターだったら、袖口がスースーして風邪ひくじゃない」と言うのです。一枚多く着せるのに、季節のことから袖口のことまで考えるなんて、わたしの感性にはありませんでした。「一枚着せる」ということはできても、母親の選択肢に含まれる熟慮や細かい判断までは想像もできませんでした。

母親は、「長袖を着せる」といっても、厚手か薄手か、ボタンがあるシャツかTシャツかなど、状況に応じて的確な判断をしますよね。男性は、というか、わたしはですが、「長袖だったら、厚手でも薄手でもそんなに大きな問題じゃない」と思ってしまいます。

ちょっと乱暴な言い方になりますが、究極的に言うと、「どっちだって、べつに死ぬわけじゃないし」というのが男性の本音じゃないかと思うんですね。

でも、母親はそうは考えない。そういう子どもへの目配りや変化への気づきに関しては、かなわないと感じることがあります。

それ故、子どもに関する心配ごと、不安が大きくなってしまうとも言えるのですが。

子どもの成功は親にかかっている

２０１６年の10月、Forbes Japanというインターネットサイトで「子どもをメシが食える大人に育てるためには母親の笑顔が大事」という内容を含んだ「子どもを成功させたい親がやるべき、たったひとつのこと」というわたしの記事が掲載されました。これまでの経験から、子育てにおいて母親が幸せであることがもっとも重要だという話をしました。でも今の母親は、たったひとりで子育てをしていて、安心できる環境がない。哺乳類である人間が育つうえでは母親が大切なのに、その母親が安心できていないというのは時代病であるということを話したのです。すると、記録的にアクセス数が増えて、その記事がかなり拡散されたと聞きました。

わたしはいつも話していることなのにと思っていたのですが、世間的には反応がすごくよかったのです。サイト自体はビジネスパーソンが読むものなのですが、妻たち、母親たちにも拡散したそうで、「あなた、この記事読んだ?」と言われた男性もいたそうです。

この記事が拡散した理由は、「妻の笑顔」が単に妻のご機嫌をとるということではなく子どもの幸せのためであること、自分が家庭でもがんばらなくてはと思っていたのが、「妻を中心に支えていけばいいんだ」と思えたこと。この2つが理解されたからだと思うのです。

記事を読んでくれた知人の男性は、「子どもの頃、たくさん遊んでくれた母親のことを思い出しました。そう思うと、自分は妻と子どもに何ができているか、と思い直しました」(小学1年生男子の父親)とそっと話してくれました。

記事が拡散した背景に、このように思われた方がいかに多かったかということを感じます。

父親は母親のよきサポーターになりなさい

子どもが成功する秘訣が家庭環境のよさ、母子関係にあるとすれば、父親はどうしたらよいのか。仕事だけではなく、家事・育児を積極的にこなすイクメンになることなのでしょうか。

わたしは必ずしもイクメンになる必要はないと思っています。

父親向けの講演会をしたり、父親向けの本を執筆したりしていることで、わたしも「イクメン賛成派・推進派」のように思われることがありますが、イクメンは、できる人・やりたい人がやればいい。その程度にしか考えていません。

それに、わたしの持論は、家庭での父親の第一義的な仕事はあくまで「妻を笑顔にすること」。母親が安心して育児に取り組めるように支えてあげることを考えるべきだと思っています。

家事・育児参加を意識しすぎると、それが得意ではない父親たちにとっては

「自分はまだまだだ……」と自責の念が生まれてしまい、また、父親が母親と対等になろうとする視点が生まれてしまうことは、実は母親にとっても心地のよいものではありません。

第2章では家庭での父親の役割を考えていきますが、必ずしも家事・育児を分担するということだけが妻の支えとなり、母親を笑顔にさせるということではないのです。もちろん、時間的・物理的に母親の負担が大きいときには、支えてあげる必要はあるのですが。

多くの父親は、家事・育児をやりたいという気持ちがあっても余裕はないというのが現実ではないでしょうか。2012年の中央調査社の調査結果では、男性の育児参加の割合が低い理由の71.5%が「仕事に追われて、育児をする時間がとれない」ということでした。この頃と比べて、働き方に対する企業の意識は変わってきているでしょうが、まだ万全ではありません。父親のイクメン化には限界があります。

そんなときは、精神論に聞こえてしまうかもしれませんが、「妻のことを思っている」ということを伝えるだけでも効果的なのです。第3章に2017年3月に行った「花まる」オリジナルのアンケートをもとにした、母親たちが父親に言われて・してもらって嬉しかったことをのせていますので、ぜひチェックしてみてください。意外と「これでいいの？」というような「できる範囲の小さなこと」で気持ちは伝わるようです。

僭越ながら、先日行ったわたしの「できる範囲の小さなこと」をご紹介させてください。あるデパートで仕事があった帰り、ちょっと小腹がすいたので地下1階に行って何品かを買いました。レジに並んでいたら少し離れたところにあんみつが見えました。ああ妻が好きだったなと思い出し、いったん列を離れて買いました。夜中に帰宅して、「ちょうどデパートで見つけたから」と差し出すと、とても嬉しそうでした。そして、風呂から上がると、食卓に鯛焼きが置いてあります。「ちょうど、好きだって言っていた鯛焼き屋さんの前を通ったから、買っておいた」のだそうです。あんこの愛にあんこ返し。平凡だけれど、こんな小さな思いやりが妻の心の安定、ひいては夫の幸せにつながっているのではないでしょうか。

わたしも不思議に思うのですが、女性は一年に一度高額なバッグを買ってもらうよりも、毎週お菓子や雑貨をお土産に買って帰ることのほうを喜ぶように感じます。


母親を対象に行った「花まる」のアンケートでは、「自分の誕生日を覚えていないといらいらしますか」という質問に7割近くが「いいえ」と答える一方で、「特別なタイミングでなくても夫がお土産やプレゼントを買って帰ってくると嬉しい」という質問に9割が「はい」と回答しました。

ただ、父親がイクメン化する気持ちもわからないではありません。

父親向けの講演会では、最後に感想を書いていただくアンケートがあります。設問のひとつに、「ご結婚されている方へ質問です。奥さまにかけられて喜びを感じる言葉はどのようなものですか?」というのがあります。回答された方の9割が、同じ言葉をあげています。

「ありがとう」

父親たちの思いはとてもシンプルなんです。「ありがとう」と言われただけで、心から嬉しくなるのです。なんだか健気な感じすらしてきます。

中には、喜びを感じる言葉のあとにカッコで（すべて笑顔）と書いた方もいました。「自分もがんばっているつもりで、それに対するねぎらいの言葉を求める気持ちがあるために、妻に対してこちらからねぎらいの言葉をかける行動に欠けている」（小学1年生男子の父親）というコメントも書いてありました。妻の笑顔を見たいけれど、その前に自分から妻を笑顔にしてあげなければと思ったのかもしれません。

妻の笑顔を見たいという願いは切実なんですね。

子どもが不登校のときは、子どもではなく親が変わる

小学校以上の子どもを持つ親御さんの悩みといえば、子どもの学力面に関することと、学校生活のことです。特に、「学校に行けない」という問題についてはよく相談を受けます。学力に関することはプロとしてノウハウを伝えますが、不登校の問題については、学校生活の中だけでなく実は、父親と母親の関係がいいか悪いかということが関わってくる局面が多々あります。

三重県に、児童精神科を持つ小児心療センター「あすなろ学園」（2017年6月より、三重県立子ども心身発達医療センターに統合）があります。そこの園長を務めていた稲垣卓先生は、登校拒否・不登校の子どもの援助をされていた方なのですが、稲垣先生はよくこのように言っていました。

「不登校の子どもを連れてきて、『ウチの子をなんとかしてほしい』という親がたくさんいますが、わたしは子どもなんか連れてこなくていいと言うんです。あなたたち夫婦が来ればじゅうぶんだからと」

確かに、子どもの不登校を解決する鍵になるのは夫婦の関係であり、その大元にあるのは母親の安定なのだな、と現場でも実感しています。

「この子をなんとかしてほしい」と言う前に、夫婦の関係をなんとかしなくちゃいけないのですが、本人たちはそのことに気づいていないんですね。

かといって、両親の関係がよければ子どもは絶対に不登校にならないとは言いきれません。しかし30年以上、直接では３０００人以上、問題があったときに部下からの報告を受ける生徒もいれると30万人以上の子どもやその親御さんを見てきたわたしの実感として、不登校が長い間続く子の家庭の大半は実際に夫婦関係がよくないことが多いのです。

夫婦関係がよくないということは、子どもが自分の置かれている状況や不安に思っていることを、誰にも話せないということなのです。自分のことは二の次だと感じてしまうのでしょう。父親と母親に話してもしょうがないと思ってしまうんですね。

不登校というのは、家族機能の問題であり、夫婦無理解の問題。つまり、子どもの危機というだけではなく夫婦の危機でもあるのです。

一見母子の関係が安定しているように見えても、母親が父親を信頼できずに頼れないから、子どもに気持ちが集中してしまうこともあります。母親は「お父さんなんか、まったく何もしないいんだから……」と父親に対する不満を子どもに言っているかもしれない。そういう話を聞くと、子どもは「お父さんに話してもどうにもならないし、お母さんは自分のことで精いっぱいだし」と思って自分のことを話せなくなる。母親の不安定が、子どもの心を閉ざしてしまうのです。

父親が、どんなに忙しくて家事や育児の協力ができていなくても、子どもを大切に思っていることを行動や言葉で伝えていると、子どもはもちろんですが母親の気持ちも安定します。

たとえば、「今日は運動会の練習どうだった?」と一言聞くだけで、子どもは自分のことを見てくれている、母親は子どもに関心を向けてくれている、と思えるのです。

小学校2年生の娘を持つある父親は、「ちょっとアホですが……」と照れながらも、「子どものことを『ぼくの宝物』と呼んでいるんです。そろそろやめようかと思うのですが、接する時間が少ない中でも、子どもがぼくのことを好きでいてくれる理由のひとつではないかと思っています」と話してくれました。

きっと母親は、そんな様子を「何言ってるのよ」と言いながらほほえましく眺めているのだと思います。

この父親は商社勤務で海外出張も多く、子どもと接する時間が少ないようです。母親と過ごす時間もそれほどとれていないのかもしれません。しかし、父親と面接したとき、夫婦の信頼関係があり、子どもと父親の愛情関係があることが伝わってきました。

父親と母親のコミュニケーション不全

「子どもの自己肯定感を育ててあげたいけれど、うまくできていない」という悩みを話してくれた父親がいます。子どもは幼稚園年長の男子です。軽い障がいの可能性があるとわかったことで、妻が「あなたの遺伝だ」と言ってキレているそうで、「話し合いもできず、手がつけられないんです」と言います。

父親いわく、「子どもは、勉強はできるけれど、落ち着きがないだけだからがんばって生きてほしい」と切々と訴えていました。このままだと、子どもに何らかの影響があるかもしれません。

父親が話し合いたいという意思表示をしても、母親がそれに応えてくれないとなれば、夫婦2人の話し合いは不可能です。そういうときは、そこまでしなくても、と思わないで第三者に間に入ってもらう必要があるでしょう。

必ずしも専門のカウンセラーでなくてもかまいません。場合によっては信頼できる友だちでもいいのです。

大事なのは、とにかく話をすることです。キレている母親にも言い分はありますし、不満や不安は山ほどある。それをオープンにすることで、父親と母親の話し合いの土台ができます。場合によっては、どんなに優秀な父親でもひとりでは受け止めきれないこともあるでしょう。

妻と向き合えていますか？

小学6年生の息子と、小学1年生の双子を持つ父親が言っていました。「子育てに関しては、わたしも時間の許すかぎり協力していますが、実際のところは妻のがんばりに助けられているんです。わたしも甘えているところがあると思います」

一見理解のある言葉だと思います。こういうことを会社の同僚が言っていたら、愛妻家だと感じるでしょう。

父親たちは、「時間の許すかぎり」「できるだけ」「自分としてはやっているつもり」と言います。ですが、それは自分や妻に対する「言いわけ」になっていることはありませんか。まずは妻と向き合えているかということを意識するだけで、夫婦の関係が変わり、子どもとの関係も変わってきます。

あなたの家族は、母親と子どもの関係が良好か、家族が機能しているでしょうか。あなたは「帰宅拒否症候群」になっていないでしょうか。

第1章のまとめ

・子どもの心身の成長、学力の伸びは、妻の笑顔から。

第2章 父親の役割とは何か？

母親の「除菌主義」からガードする

第1章では母親と子どもの関係が安定していることの重要性、そしてそのために父親は何ができるかを述べてきましたが、第2章では家庭での父親の役割を考えていきます。

子どもが成功する秘訣は母親との関係がよいことにある、というのであれば父親は必要ないのでしょうか？　いいえ、そんなことはありません。

父親が子どもと直接的な関係の中でできることのひとつは、母親と子どもの近すぎる関係、癒着状態を開放してあげることです。

母親は、子どもを守りたいあまりに「除菌主義」になってしまうところがあります。母親は「危ないから、そんなことしないで」とか「学校で何か言われたの？　お母さんが先生に言ってあげる」と言いながら、まだ何も起きていないうちから、先のことを想像して子どもを社会や人間関係の「毒」や「害」から過剰に守ろうとしてしまう。

そんな母親に対して、父親は、「いや、男の子なんだから、少しくらい危ない目にあっても自分でなんとかさせないと」とか「子どもの問題に親が首をつっこまないほうがいい」ということを言う必要があります。

とくに、男子が育つうえで「除菌主義」が枷になってしまうことがあります。男として必要なことを男子に伝えられるのは、ほかでもない父親です。もし、母親が守ろうとしても、「それは違うよ、男ってそういうものだから」と言い切ること。言い切るその姿勢を子どもに見せることです。

母親は子どもを守りたい気持ちが強いあまりに、「お父さんは心配じゃないの？」と言って、子どもを囲い込もうとしてしまうかもしれませんが、そこから子どもを引きずり出してあげることです。母親がいないと何もできない、自立できない子どもにしないためです。

言葉の力をつける環境づくり

学習面でも、父親のほうが向いていることがあります。それは、家庭の言語環境をよくするということ。どんなドリルを解いたか、どの塾に入ったかということよりも、学力に与える影響が一番大きいのが言語環境だというのが多くの家庭を見てきたわたしの結論です。

いくら国語の授業を通して教師が生徒に指導しても、子どもの言語感覚は親の言語感覚にかなり近いことを感じます。

まずは正しい言葉遣いができているか。これは、上品な言葉遣いかどうかという意味ではありません。表現したい内容と言葉が一致しているか、ということです。

たとえば、「今日は学校で何したの？」と聞いたときに、子どもが「今日楽しかったよ」と答えたとします。あまり言葉を重視しない家庭なら、「そうか、楽しかったのか。よかったな」と言ってしまうかもしれませんが、厳密に言えばこれでは会話が成立していません。

「何をしたのか」を問うているわけですから、「○○をした」という答えが返ってこないといけないわけです。

ですから、こういうときに「何をしたのか」を聞きなおします。言葉のやりとりを重視している家庭では、こういう会話は普通になされています。子どもも「聞かれたことは何か」ということを考える訓練を日常的にしているわけです。

これは、決して叱ったり怒ったりしているわけではなく、会話になっているかどうか、ということ。そして論理的に話すことがむいているのは、子どもとの距離が近すぎない父親のほうなのです。

こういう会話を家庭でちゃんとできているかどうかが学力の差としてはっきりと表れます。言葉の厳密さは、学力に比例しているのです。

自分の言語環境、言語感覚というのは、他人と比較できませんよね。みんな「ウチは普通」と思っているのですが、言葉は文化であり習慣なので、自分ではその違いに気づかないのです。

言語感覚というのは日常会話でしか培（つちか）われないものなのです。

客観的に見ていると、言語環境の違いは手にとるようにわかります。子どもと話せば、この子が将来的に伸びるかどうかが残酷なまでにわかります。家庭でどんな会話がなされているかも、だいたい想像がつきます。

男性は友だち同士で話していても「それ、意味わかんない」「そうとは限らないじゃん」「それはおかしいよ、だって……」と、話す内容の厳密さを指摘しあう環境に慣れています。中高での男子進学校や兄弟同士のやりとりが、まさしくそれにあたります。

読解力のない子は、国語に限らず、問題が高度化していくことに耐えられなくなっていきます。そもそも相手の話の要点をつかむという習慣がないのです。「筆者の言いたいことは何ですか」と聞かれても、言いたいことがわからない。

正しく会話ができている家庭では、相手の聞きたいことと自分が答えるべきことがフィットしているんですね。子どもでも、肝心なことを言わずにごにょごにょ言っていたら、「結局、言いたいことは何なの？」と聞かれるわけです。それがその家の文化として子どもに身についていくのです。

ご自身の家庭では、どんな会話をしていますか？

「お風呂に入りなさい！」

「勉強しなさい！」

「自分でやるって言ったでしょ！」

というような、一方的な言葉の投げかけをしていませんか？

もし、正しい会話、意味のある会話ができていないと思ったら、まずは親が言葉に厳密になろうと意識しましょう。親自身の言語力を高めたら、子どもはそれについてくるようになります。

ただし、今からやろうとするとしたら、決して甘い道ではないと覚悟してください。先ほども述べましたが、言葉は文化であり習慣です。何十年も習慣として身についていることを変えるのは、並大抵ではありません。子どものためにと気を引き締めてとりかかってください。

ボードゲームの感想戦で論理的思考が伸びる

もうひとつ、学力の根幹といってもいい力が論理的思考力です。論理とは、たとえば「AだからB、BだからC、つまりAだからC」という式の中で、「だから」が前後を正しくつないでいること。「だから」は順説をしめす接続詞です。本当に順説であれば、論理的であると言えるのです。

論理的思考力というのは、勉強でも差がつきます。一般的にも、頭がいいということは論理的にものを考えられるかどうかということです。ですから、「頭のいい子に育てる」ということの一番めの課題が「論理力を伸ばす」と言えるでしょう。

父親におすすめなのは、囲碁や将棋などのボードゲームの感想戦です。ゲーム自体、論理的思考で戦略を練る必要があるものですが、ただゲームをするだけでは力はつかない。ゲームが終わったあと、振り返りをすることで論理的思考が養われるのです。そのためのコツは問いにあります。

「どうしてこのときここに打ったの?」

「だって、お父さんが次にここに打つと思ったから」

「でも、ここに打ったら、お父さんはこう打つこともあるわけだから、この手はダメだよね」

「そっかー……」

というふうに、子どもが考えて打った手について、なぜダメだったのか、どう考えればよかったのか、何が足りなかったのかを、ひとつひとつひもといていくのです。

終わったばかりのゲームなので、記憶が鮮明です。「どうしてここに打ったの？」と聞けば、その理由は子どもも思い出せます。自分の手がなぜよくなかったのか、なぜ負けたのか、子どもも知りたいはずなのです。

トランプや麻雀でも同じです。数学者で大道芸人でもあるピーター・フランクルさんは、子どもの頃父親とよくチェスをしていたそうです。父親は、子ども相手でも一切手を抜くことなく戦っていて、結局ピーターさんは父親にチェスで一度も勝てないまま大人になったのだそう。ゲーム後には毎回、「どうしてこの手を打った？」「どうしてこう思った？」と聞かれ、「ここはこう考えなくちゃ」「この場合はこっちだね」という感想戦をやり続けたのでしょう。

一言で言えば、「どうしてこうしたの？」と聞くことが大事。「それで、ここはどうして？」と繰り返し聞き続けて、どんどん突っ込んでいけばいいのです。

「論理」は、必要条件と場合分けに尽きる

論理的思考とは何かというと、必要条件を絞り込むことと、場合分けをして考えることです。この2つに尽きます。トップレベルの中学校入試も東大入試も、数学の問題は論理学でできているようなものです。

たとえば証明問題で、必要条件で3通りまで絞りこんだら、あとは3通りを全部場合分けしなくてはなりません。それぞれ場合分けして調べるという作業を丹念にやり抜くことで正解にたどりつき、これが答えだと言い切れるスッキリ感が得られるのです。

案外こういう問題が苦手なのが、計算だけが得意な子です。早く答えを出すのが得意な子は、場合分けして考えることを面倒くさがります。計算が早いというのは計算という作業が早いということで、論理的思考力とは関係がないのです。

計算だけをしていればいいときは算数好きだった子でも、中２から始まる証明問題に入るととたんに数字が嫌いになるというケースはよくあります。

本来の頭のよさで言えば、証明問題、つまり論理的思考力を問われる問題ができてこそなのです。

ここでひとつ、問題を出してみます。これは、過去の算数オリンピックに出された問題です。

問題　次のページの図のＡＢＣＤＥの５つのお皿には、それぞれいくつかのキャンディーがのっています。このうちの１皿を取るか、つながった２つ以上のお皿を取ることによって（たとえばＡとＢ、ＣとＤとＥなど）、お皿の上のキャンディーで、１から21までのすべての個数を作ることができます。それぞれのお皿にのっているキャンディーの個数を求めなさい。

考えかたとしては、まず勘のいい人は「なぜ20というキリのいい数字ではな

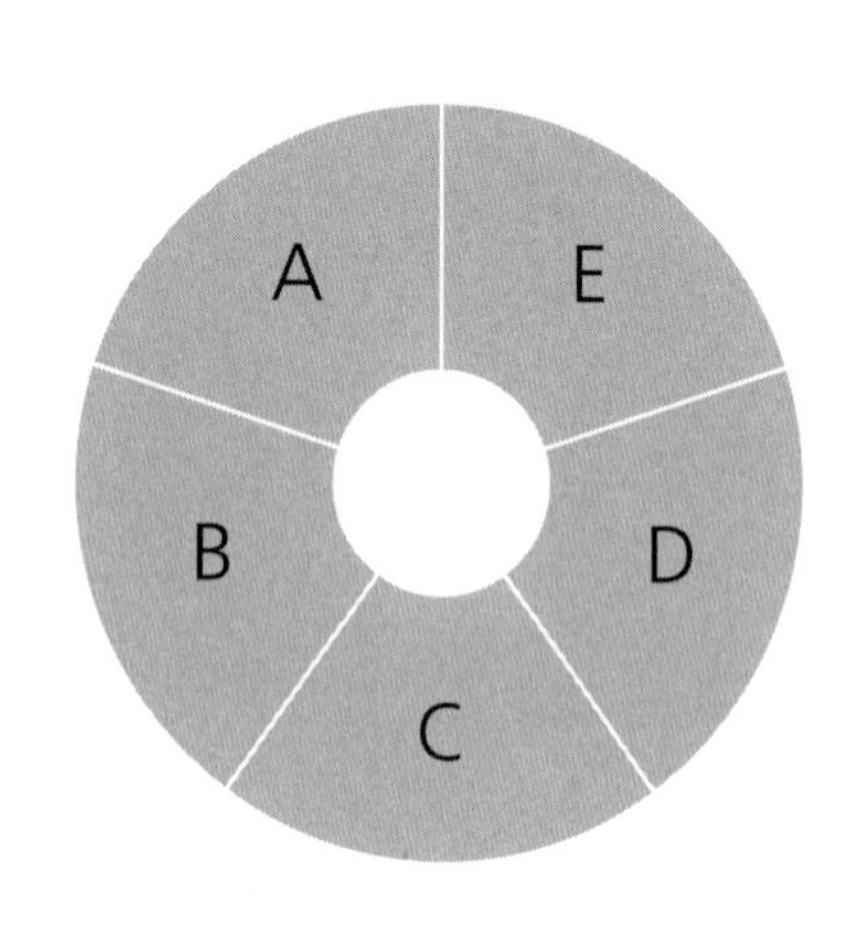

く21なのか」というところに注目します。そこに何かヒントがあると気づくのです。

そして、お皿の取り方が何通りあるかを考えます。5皿の取り方は1通り。1皿は5通りですね。隣り合ったお皿を2皿取るのは5通り。そうすると、3皿取るのも5通り、4皿取るのも5通りです。

つまり、お皿の取り方は、1+5+5+5+5、全部で21通りですから、同じ数字になるお皿の組み合わせがあってはいけないということになります。

キャンディーの個数は１個から21個なので、１個のお皿は必要ですね。１＋１で２というのはできないですから、２個のお皿も必要です。

ここまでヒントを出しましたので、そのあとの条件と場合分けを考えてみてください（答えは１６２ページ）。

実際のテストでは制限時間10分くらいです。論理的思考力のある人は、こういう条件の絞り込みと場合分けが、瞬時に浮かぶんですね。

この問題を講演会で父親に出題しても、解ける人は１割もいませんからできなくてもご安心ください。できたら、子どもと一緒にこのあとの解き方を考えてみてください。

父親と子どもの関係で言えば、こういう勉強や学校の宿題を一緒にやることをおすすめします。「土日はパパと勉強する」と決めるといいかもしれません。コミュニケーションもとれますし、一緒に遊ぶのが苦手な人でも、子どもと関わることができます。

子どもの将来については夫婦で意見を合わせる

子どもの学力的なことだけではなく、精神的な面で父親ができることはどのようなことでしょうか。

たとえば中学受験をするかどうかというような、子育ての「ふしめ」のタイミングに父親が方針を決める、つまり決断するという役割があります。

中学受験にしてもどこの学校を受験するかということではなく、子どもにあった選択は何かということを考えます。母親のほうが教育熱心であることは多いのですが、母親同士のネットワークに巻き込まれてしまうということが見受けられます。子どもが心配なあまり、ここでも過保護になりすぎてしまうきらいがあるのです。自身が公立高校、東大出身のバリバリのキャリアママでも、子どものこととなると冷静な判断ができなくなるということを見たこともあります。

社会で多くの人たちを見ていれば、優秀な学校に行っても人望がない人や、偏差値の高い学校の出身ではなくても人の面倒をよく見て信頼されている人はたくさんいます。教育熱心な母親ほど、母親同士のネットワークの中で頭でっかちになってしまい、中学受験で人生が決まるわけではない、偏差値的な意味での頭のよさで人間の価値が決まるわけではないという簡単なことが見えなくなってしまう傾向にあります。

中には、自分の経験だけで中学受験を語る母親もいます。その家庭の成功事例をあちこちで話すと、聞く側としては実体験なので説得力を感じます。

ですが、飽くまでも1サンプルに過ぎません。興味深いけれど、普遍性はありません。子どもは100人いたら100通り、成績の良い子も悪い子も、様々な才能を持った子もいろんな子たちを教育の現場で幅広く見ていないと、一般的なことは言えないと思います。

ですので、そういう場合は父親として子どもに関わるという意味でも、父親がリードして家庭の方針を確固たるものにしておく必要があります。受験をするならするで親としても徹底的に取り組む。受験をしないなら、誰が何を言っても「ウチの方針だから」といって考えを変えない。

「花まる」でも、不安を抱えている母親に対して父親が「ウチの子は、高校受験でがんばればいい。中学まではのびのびさせてあげよう」と言い切ってくれることで母親が安心し、うまくいく様子を多々見てきました。実際、面談で会う母親でも、「夫が受験はさせないと言っているので」という人は、どこか安心した表情をしています。家庭の方針が決まっている、ということが安心につながるのですね。その鍵となるのは、母親よりも子どもを客観的に見ることのできる父親にあるのです。

中学受験をしたほうがいい子もいる

せっかく中学受験の話が出たので、もう少しだけ。教育者の立場から言えば、12歳ともなると、その子どもがどれくらいの能力があるかということがわかってきます。発達段階の理論からいっても複雑な思考ができるようになってきますので、どのような環境が適しているかということもわかります。その基礎的な学力や適正を鑑みたうえで、本人の希望と親の協力があれば中学受験をすることをおすすめします。逆に、もし本人が希望せず親も協力できないのであれば、ムリにする必要はないでしょう。今は公立でも中高一貫校ができていますし、必ずしも私立でなくてはと考える必要はありません。

ただ、たくさんの子どもを見てきた中で、中学受験をしたほうがいい子、中学受験に向いている子、というがいるのも事実です。

一般に優秀な子や才能のある子で両親も志が一致してるならば、中学受験をして自分の能力にあった学校に行ったほうがよい場合も多いです。

ただし、ＩＱが１５０以上というのか、本当に飛び抜けた子についてはよくよく考えなければなりません。

私の見ている子の中にも、何もしなくてもそのまま東大・京大に行けるような子がいます。頭がいいだけじゃなくて、みんなを笑わせる魅力もあるし、学力と人間性のバランスがいい子です。

その子はとある進学校に行ったのですが、宿題忘れを理由に廊下に立たされたり、先生からたびたび生活態度を指導されたことで学校になじむことができず、傷ついて、不登校になってしまいました。気持ちも学力も折れてしまったのです。

周りの大人たちも、そういう優秀な子の教育の仕方がわからなかったのだと思います。「天才は取扱注意」なのです。

最近少しずつ知られるようになってきましたが、程度は様々でも、日常生活でみんなが普通にできるようなことができない子どもたちがいます。その中にはずば抜けた才能を持っている子どももいます。学校が、そういう子たちの能力を折ってしまうような場にならないことを願っています。

トラウマから抜け出せない父親たち

ここまでは、父親の家庭での役割を述べてきましたが、ここでは「子どもを追いつめてしまう父親」についても触れておきたいと思います。

言語感覚や論理的思考、勉強を教えることは、子どもと距離の近い母親よりも父親のほうが向いていると述べましたが、中には母親以上に感情的になってしまう父親もいます。

往々にして、高学歴で勉強ができたタイプの父親に多く見受けられますが、子どもがテストの問題を解けないと「どうしてこんなこともわからないんだ」となってしまうのです。自分が失敗してこなかったからか、「さっき言ったことをもう忘れたのか」と怒ってしまうのです。

自分ができたことを子どもができないという現実を理解することができず、その子どもが本来持っている力を奪い、自信をなくしてしまうのです。

「花まる」に通う母親たちの中には、「子どもの成績があまりよくないのは、偏差値の低い学校に通っていたお前のせいだと責められる」「次男、三男にはあまいのに長男に厳しく、偏ったしつけ、教育をするのでもめてしまう」という嘆きの声もありました。

自分はこうだったという経験主義では、子どもを育てることはできないのです。自分の子どもであっても、別の人格です。ついつい自分と重ね合わせてしまう父親は少なくありません。受験というのはそれだけ大きなインパクトを残す体験で、トラウマが残りやすいともいえます。

子どもと相対するときに大切なのは、待たなくてはならないということ。子どもは大人よりも何事も時間がかかります。できるようになるまでにも時間がかかるし、理解するまでにも時間がかかる。

本人が納得して理解するまで待つことが子どもを伸ばすコツであり、大人にとっては困難なことなのですが、それは親の仕事です。幼児に対して「早くして」という言葉がＮＧワードであることはよく知られていますが、親がイライラしていたら子どもの気持ちは離れていきます。待つことこそ子育てだと思ってください。

もうひとつの悪い例は、子どもと遊んでいるときにスマホばかり見ている父親です。休日の公園に行ってみてください。そういう父親が山ほどいます。子どもと遊ぶために公園に来たのなら、スマホなんて見ずに遊べばいい。それができない人がいかに多いことか。

理由としては、遊び方を知らないということもあると思います。子どもとどう接していいかわからないのです。ですが、子どもはシンプルです。「お父さんと遊びたい」、それだけなのです。「花まる」の保護者でも最近よく見かけるのですが、怪獣ごっこや追いかけっこのときに「それはちょっと」と言って大声を出すことを避ける父親がいます。

公園に行って、授業参観みたいに子どもが遊んでいるのをただ眺めているだけではダメなのです。もし近くに遊び上手な父親がいたら、マネすればいいのです。やっているうちに自然とできるようになりますよ。

巻末におすすめの遊び方のリストを入れましたので、ぜひ参考にしてみてください。

今回行った母親へのアンケートの中でも、子どもと一緒に出かけたとき以外に、家での団らんの時間や食事の後に父親がスマホゲームをすることに不満を持っているという方が多く見受けられました。

家族と積極的に向き合ってくれないという不信感とともに、子どもがいるのに自分を優先しているという態度が信用できないようです。

叱るときは子どもの言い分を聞かない、誉めるときは哲学に沿って

父親向けの講演会でよくあがる質問に、しつけや誉め方、叱り方についてのことがありますので、ここで触れておきましょう。

幼児期は、特にしつけが大事。しつけは決めたことを守らせることが必要です。

しつけというのは真実かどうかではなく、社会的な集団の決まりごとです。集団の中で生きていくために、朝は早く起きなくてはならない、遅刻をしてはいけない、挨拶をしなくてはならない、そういう決まりごとなのです。

子どもが、「だって、夜仕事して朝寝てる人だっているんだから、朝早く起きなきゃいけないっていうのはおかしい」と言ってきたら、そのときは毅然としてはねのけます。

「ウチの家族は、朝は早く起きるという決まりなんだ。だから早く起きること、それだけ！」

誉め方、叱り方については、子育ての永遠のテーマであり、本質のような気

もします。

わたしの考えとしては、大前提として、親の哲学がぶれないことが大事。誉めるのも叱るのもどちらも同じくらい必要ですが、どんなことで叱るのか、どんなことで誉めるのかがぶれないように方針を決めなければなりません。

仕事でストレスがたまって機嫌の悪いときに叱る、お酒を飲んで機嫌のいいときに誉める、というのでは子どもに響きません。それどころか「お父さんは機嫌によってコロコロ変わる」と思われて、信頼されなくなります。

わたしの考える叱り方は、「厳しく短く後を引かず」。なんでも優しく言えばいいというものではありません。親として、子どもに厳しく言えないことも罪です。

母親のアンケートの中には、自分がいくら大声で「朝起きなさい」「早くお風呂に入りなさい」と言っても聞かないのを、父親が一声「早く入れよ」と言うだけで動く子どもたちを見て、父親の大きさを感じるという意見がありました。

加えて、叱り方で言えば、子どもの言い分を聞かないということもポイントです。言い分を聞いて、それに則って叱ってはいけないということです。

弟が「お兄ちゃんが叩いた」と言ってきたとします。ですが、もしかしたらウソかもしれません。多くの場合子どもの言い分は、自分を守るために言うことだからです。ですから、そこでお兄ちゃんを呼び出して、「お前、叩いたのか」と聞いてはダメなのです。弟の言い分を信じてお兄ちゃんを問い詰めても、お兄ちゃんもウソをつくかもしれないし、もし弟がウソをついていたらお兄ちゃんは傷つきます。

お兄ちゃんが叩くところを実際に見ていたのなら注意してもいいのですが、そうでない場合は、「叩いたかどうかはお父さんは見てないから、お兄ちゃんと2人で解決しなさい。お父さんは2人とも好きだから、どっちが悪いかはわからないよ」と言うのです。

誉め方としては、親の哲学が反映される誉め方がいいと思います。「子どもにどんな人間になってほしいのか」、その哲学が形になったところで誉めるのがポイントです。

もし、思いやりのある子になってほしいと思うなら、友だちを助けてあげたとか、道を歩いていて人に親切にしたとか、そういうときに思いっきり誉めてあげるといいでしょう。

「本当に優しい子だな」

「そういうふうに、人を助けてあげる気持ちって大事だよ」

と、何がどうしてよかったかをきちんと伝えながら誉めてください。そうすると子どもは、「こういうことが大事なんだ」と胸に刻み、そういう生き方をするようになります。

誉め方、叱り方の軸の持ち方

わたしの、教育者としての「軸」は、「もめごとは肥やし」。子ども同士のトラブルは大歓迎。トラブルよ、あれ！　と言いたいくらい。トラブルは、互いに傷つくけれど、解決するごとに少しずつ強くなるのです。

それがないと、大人になってがくんと折れてしまいます。傷ついた人、苦労した人が強い、というのは真実です。いろんなことを経験したからこそ、「こんなことくらいなんとかなる」と思って前進することができるのです。

「花まる」ではサマースクールなどの野外学習がありますが、ちょっとしたケンカは教師たちも止めません。あきらかないじめは間に入りますが、そうでなければ子どもたちに任せます。もちろん遠くから見てはいますが。子ども同士なので、トラブルがあってちょうどいいくらいです。

誉める場合によくやってしまうのが、勝負ごとの結果を見て誉めてしまうことです。確かに何かに勝ったら嬉しいですし、誉めてあげたくもなります。ですが、あまり勝ったことばかりにこだわると、負けたときに子ども自身がつらくなります。勝ったことを喜びながらも、がんばったことにフォーカスしてあげるといいと思います。

誉めるのは、その子が成長するうえで伸ばしてあげたいところ。大人になって武器になるような長所がいいでしょう。誉めるポイントにも、正解不正解はありません。夫婦で話し合って実践していくことが大切です。もし、家庭の方針で子どもには外見を磨いてほしいと思うなら、「かわいいね」「カッコいいね」「ステキだね」と積極的に誉めてあげるというやり方だってあり得るでしょう。

第２章のまとめ

- 父親は母子の適切な関係を保つ要（かなめ）。
- 子どもの言語感覚や論理的思考は日常生活の中でこそ伸びる。
- 父親は家庭の方針を決める舵取り役。

第3章

結婚後・出産後にうまくいかなくなる理由

男性と女性は同じ生き物ではないと知る

ある講演のあと、小学1年生の女子の父親が声をかけてきました。
「今日は、お話を聞けてよかったです。実は今、妻と日々バトルを繰り広げているんです」

どんなバトルですか？　と聞くと、ありありと再現してくれました。

妻「今日学校で、友だちと言い合いになったみたいなのよ。結局言い負かされて、泣いて帰ってきたのよね」
夫「そうなんだ。でも今見たら平気そうだったよ」
妻「それはそうだけど、明日学校に行かないって言ったらどうしようかと思って……」
夫「小学校に入ったばっかりだからいろいろあるかもしれないけど、あんまり深刻にならないほうがいいよ」
妻「あなたはそう言うけど、でも……」

夫「今は普通にしているんだから、とりあえず、明日の朝の様子を見れば大丈夫だよ」
妻「あなたはあの子のことをわかっていないから、そんなのんきなこと言ってられるのよ。勝手なことばっかり言ってないで、わたしの身にもなってよ」
夫「ごめんごめん」
妻「もしイジメられたりとか、仲間外れにされたらとか、いろいろ不安になるじゃない。そういうとき、親としてどうすればいいの」
夫「……うん」
妻「うんって何よ！」

「わたしはなるべく妻の話を聞こうと努力しているんですが、何も言わずに聞いていると、だんだんわたしへの人格攻撃が始まってくるんです。さすがにわたしも我慢できなくなって、結局いつもケンカ。だから、今日の先生の話を参考にしようと思いました。でも、ウチの妻にはうまくいかないのかなぁとも思ってしまうんですけどね」

なぜ怒っているのか、なぜ自分に怒りを向けられているのか。怒りを買うようなことをしたのだったら謝るし、改めることもできるけれど、それが何なのかがわからない。自分では、妻のことを思って話を聞こうと努力しているし、歩み寄ろうとしているのに伝わらない。コミュニケーションが成立しないから同じ人間だとは思えない、と思ってしまうんですね。

わたしがいつも父親たちに言っているのは、子どもを産んだ女性、つまり母親は、常に子どもに向かうネガティブなものに意識を向けているということです。

そして、父親に対して文句を言いたくなるのは、そのイライラが発端になっていることが多いようです。

母親自身もそれがわかっていないことが多く、母親たちと話していると「夫が新聞を読んでいるだけでイライラする」ということをよく聞きます。「そうそう、わかる」と共感の嵐です。夫が悪いことをしているわけではないのに、なぜかカチーンとくると。

よくよく聞いてみると、「わたしが子育てでピリピリしているのに、どうしてのんびり新聞なんか読んでるの」ということ。夫からすると「今までは新聞を読んでても文句言われなかったのに、どうして今言うんだ。わけがわからない」となるのです。それに、「手伝ってほしいならそう言えばいいのに」と言ったら最後です。

いろんな母親たちの話を総合すると、感情的に激しくなってしまうのは、特に子どもを産んだ直後が多いようです。

赤ちゃんは、何ひとつ自分でできません。この世でもっとも弱い存在です。母親がいなければ、栄養を摂ることもできない。「わたしがいなければ、この子は生きられない」と思えば思うほど、「わたしがこの子を守らなければ」と強く思い、ピリピリするのです。

ですが、子どもの成長とともに、母親の獰猛（どうもう）さは徐々になりをひそめるようになります。だいたい子どもが中学生くらいになると、丸くなってきます。

もし、子どもが成長しても感情的な言動が多く見られるのならば、それはまた別の原因があります。それは主に、子どものことで夫に不信感を抱いたときです。

子どもと一対一になってしまう母親

「海外に単身赴任中の夫は、年に数回帰ってきます。そのときにしか子どものことを相談できないので、『子どもがゲームばっかりしているので、なんとか言ってほしい』と言ったのですが、放っておけばいいと取りあってくれません。そこに反論すると、『お前が仕事してみろ』『オレの言う通りにすればいい』と言うので、わたしも大きな声で怒鳴ってしまいます」

「夫の転勤で、知り合いのいない地域に引っ越しました。家では子どもと2人きりで、息の詰まることがあります。それを夫に相談したのですがまったく相手にしてくれず、何度も何度も同じことを夫に言ってしまいます」

「夫はいわゆるエリート校の出身で、子どもに中学受験をさせるのが当たり前だと思っています。子どもはのんびりした性格なので、わたしはあまり気が進まないのですが、『早くから準備しないと』と言われ続け、そのことでいつもイライラしてしまいます」

さあ、父親として、夫として、この問題をどう考えるでしょうか？

実は、この3つの相談は、具体的な出来事は違いますが、本（もと）を正せば母親たちに共通する2つの大きな悩みを表しています。

それは、「子育てのことを一緒に考えてほしい」ということと、「わたしの苦しさや孤独をわかってほしい」ということ。

母親たちの抱える夫への悩みや不満は、すべてこの2つに収斂（しゅうれん）されると言っても過言ではありません。そして、この2つの悩みの根底にあるのは、「わたしに寄り添ってほしい」という気持ちなのです。

ひとつ目のゲーム問題。子どもがゲームをしすぎることを悩んでいるので、父親としては、「子どもにゲームをやめさせれば（ゲームをやめるように言えば）解決する」と思うかもしれません。ですが、母親が言いたいのはそんなことではありません。

母親の心の声を代弁するならば、「たまに家にいるときくらい、子どものことについて一緒に考えてほしい」ということなのです。

父親としては、「だから、考えたうえで、子どもにゲームをやめるように言うって言っているのに」と思うでしょう。ですが、それが〝落とし穴〟なのです。

母親が求めているのは「(子どもの)問題の解決」ではありません。「(わたしに)寄り添うこと」です。もっと言えば、ゲーム問題自体は「寄り添ってほしい」という信号を出すきっかけかもしれません。そうだとしたら、子どもにゲームのことを注意するかどうかは二の次になりますね。

男性が勘違いしやすいのは、妻から相談ごとや悩みごとを打ち明けられたら、「解決してあげるべき」と思ってしまうこと。男性は「寄り添う」とか「共感する」ということに価値を見出さない傾向にあります。

ですが、そもそも女性が相談してくるときは、すでに答えを持っている場合が多い。その答えについて、最後のひと押しをしてほしくて相談をしてくるのです。だから解決はいらないのです。求めているのは「寄り添ってくれること」と自分の思いに「共感してくれること」。

ですから「子どもがゲームばかりしていて困る」と言われたら、「そうだよな、それは困るよな。言っても聞かない？　そんなことばっかりしていたら、君がつかれてしまうよね」と言うといいのです。

2つ目の、「子どもと2人きりで息が詰まる」という悩みも、心の声は「大変な思いをしているわたしのことを心配してほしい」です。ですから、「そうか、誰も知っている人がいないのはツライよね。子どもと2人だと息が詰まるのもわかるよ」と言うと、妻は共感してくれたと感じます。

共感して寄り添った次には、とにかく質問し続けてみましょう。

「1日どのくらいゲームしてる？　勉強は？　注意すると何て言い返してくる？　言い返してきたら、何て言ってる？」

「息が詰まるときって、どんなとき？　何が一番ツライ？　どんなときに気分が落ち込むの？」

どんな小さなことでもいいので、妻が打ち明けた悩みに関することを聞いてみましょう。父親は自分の意見を言わないということを心がけてみて、「そういうときは……」と結論に持っていかず、ひたすら質問をして、妻の言葉を聞き続けるのです。質問をするということは、相手に興味関心があるということ。それがポイントです。

妻は、話を聞いてもらいたいのです。夫のアドバイスが聞きたいのではなく、ただ聞いてほしい。だから妻のグチや悩みに付き合い続ける。これは根気のいる作業です。

大事なのは逃げないこと。妻の話をさえぎったり打ち切ったりした瞬間、「この人はわたしから逃げようとしている」と感じます。女性は逃げる男性にとても厳しいものです。

でも、いつかは終わりがきます。

「うん、まあ、いろいろあるけどなんとかやってるしさ」

「ツライこともあるけど、とりあえず聞いてもらうと、なんか大丈夫な気がする」

こういうことを言い始めたら、終わりの合図。妻の心に晴れ間が射してきました。

やまない雨はない。晴れない空はないのです。

そう思って耐え抜くことで、妻は安心しますし、悩みも解決したようなものです。

妻の悩みの雨がいつやむか。それは一人ひとり違うので、やむタイミングやきっかけは、父親自身が探っていかなくてはなりません。

「花まる」に通う母親を対象にしたアンケート結果をのせます。多くの方が特別なことを望んでいるわけではないということをわかっていただけるかと思います。特に、自分のことより子どもに関心を持ってほしいという気持ちが伝わってくる結果です。また、普段の生活の中で「ありがとう」「ごはんおいしかった」と言ってくれることが嬉しいという意見も多かったです。

花まる学習会アンケート結果

実施：2017年3月　回答数：622名

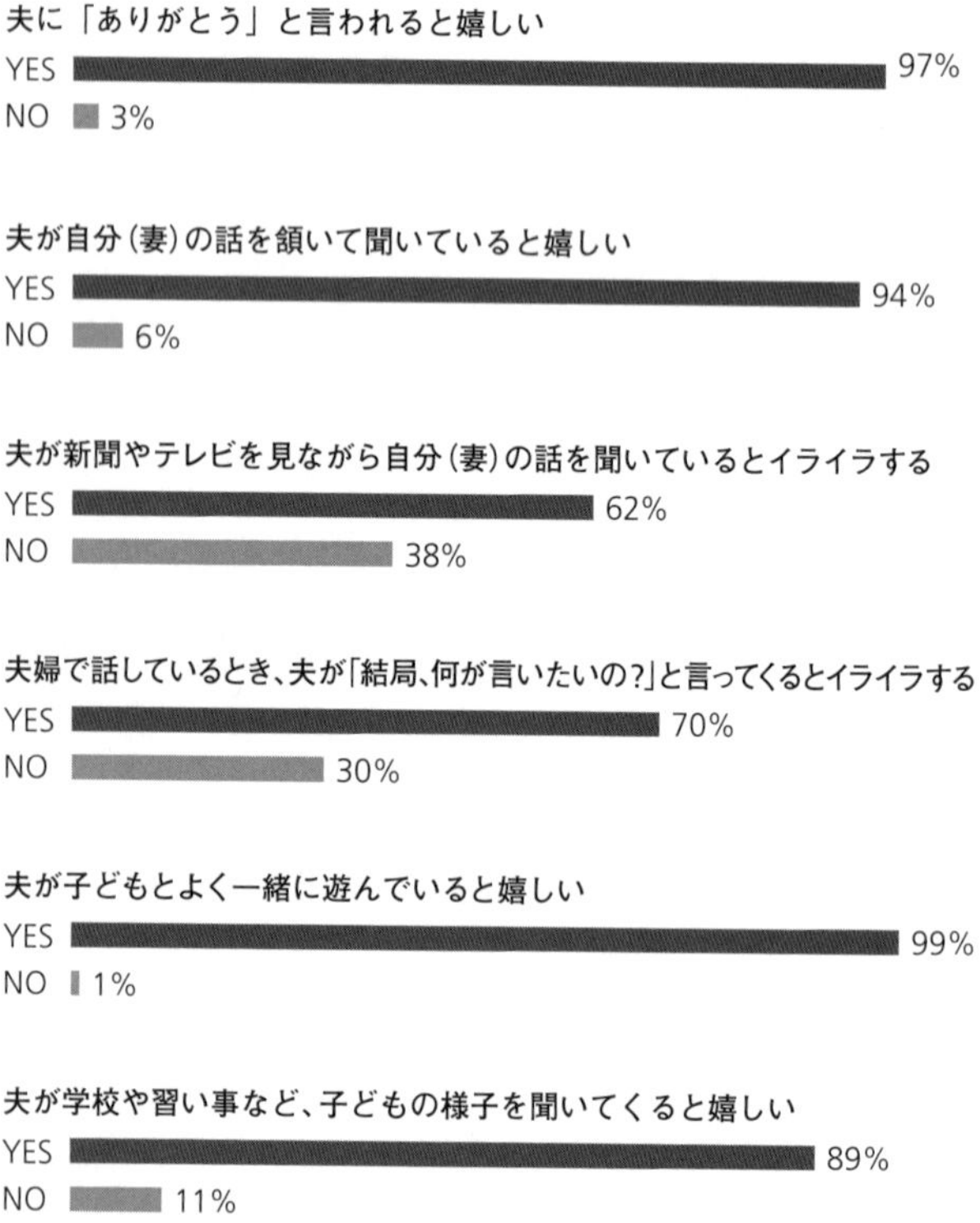

夫に「ありがとう」と言われると嬉しい

YES	97%
NO	3%

夫が自分（妻）の話を頷いて聞いていると嬉しい

YES	94%
NO	6%

夫が新聞やテレビを見ながら自分（妻）の話を聞いているとイライラする

YES	62%
NO	38%

夫婦で話しているとき、夫が「結局、何が言いたいの？」と言ってくるとイライラする

YES	70%
NO	30%

夫が子どもとよく一緒に遊んでいると嬉しい

YES	99%
NO	1%

夫が学校や習い事など、子どもの様子を聞いてくると嬉しい

YES	89%
NO	11%

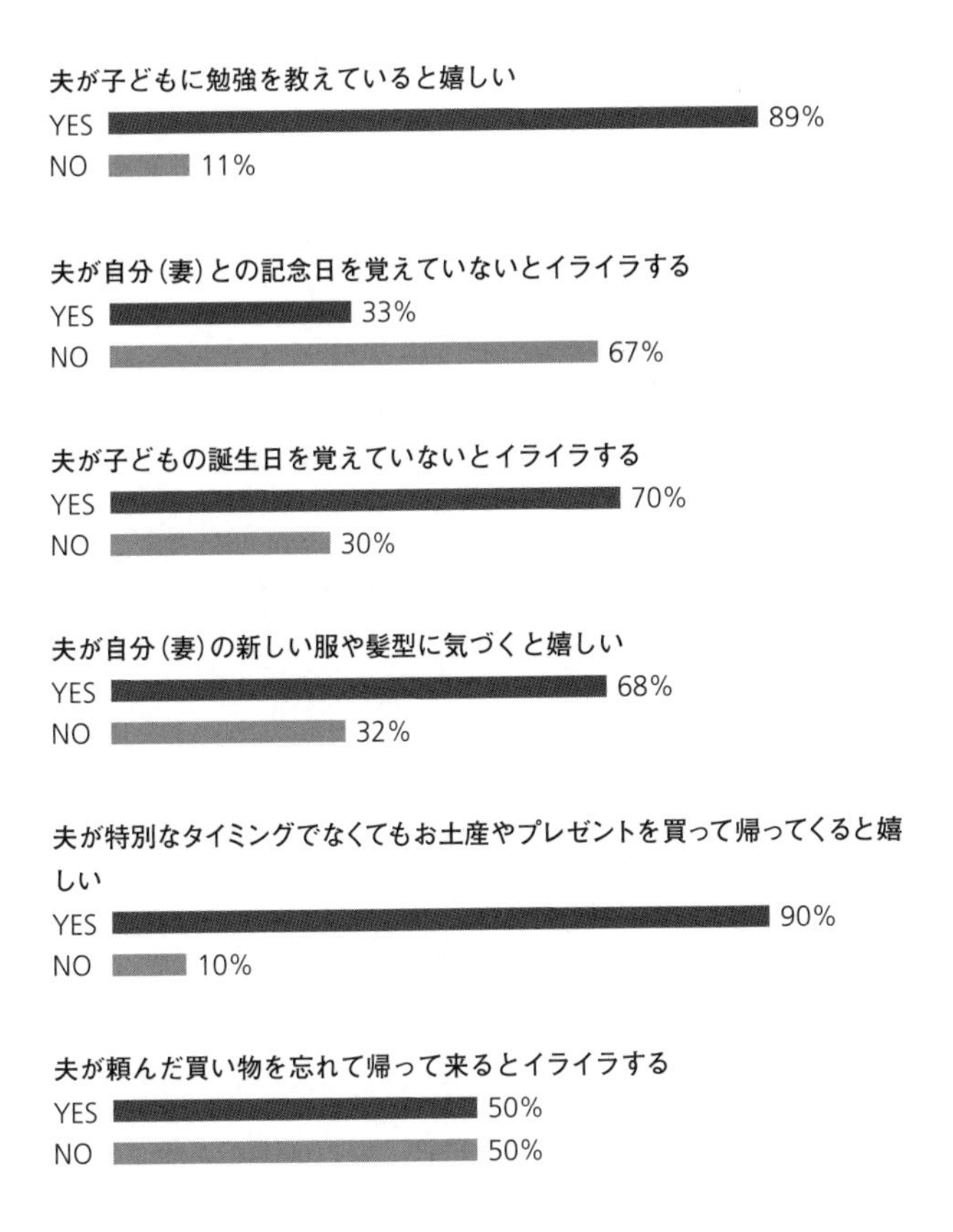
夫が子どもに勉強を教えていると嬉しい
YES 89%
NO 11%
夫が自分（妻）との記念日を覚えていないとイライラする
YES 33%
NO 67%
夫が子どもの誕生日を覚えていないとイライラする
YES 70%
NO 30%
夫が自分（妻）の新しい服や髪型に気づくと嬉しい
YES 68%
NO 32%
夫が特別なタイミングでなくてもお土産やプレゼントを買って帰ってくると嬉しい
YES 90%
NO 10%
夫が頼んだ買い物を忘れて帰って来るとイライラする
YES 50%
NO 50%

仮面夫婦になっていませんか？

父親と母親がうまくコミュニケーションがとれていないと、それが子どもに影響してしまいます。

ある企業で営業職についている40代の男性。週休2日といっても休日出勤もあり、平日も、仕事や飲み会で帰りが遅い日が続いていました。

妻は専業主婦。子どもは小学5年生の娘がひとりいます。忙しいとはいえ父と子の仲はいいようで、何かあると父親の携帯に電話して話をすることがあるそうです。

ある日、仕事相手と飲んでいたとき、子どもから携帯に電話がかかってきました。席を立って電話に出たところ、子どもが「塾のカバンが壊れちゃった」と言いました。家には妻がいるはず。変だなと思いつつも、「そっか、困ったね。お母さんに言ってごらん」と言って電話を切りました。

子どもからの電話が気になっていたこともあり、その日は早めに飲み会を切り上げて帰宅。家に帰ると、子どもが「ほら、見て」とカバンを持ってきました。持ち手がちぎれています。「お母さんには言ったの？」と聞くと、「うん……」とあいまいな返事をするだけ。いっこうに要領を得ません。

妻に「塾のカバン、どうかしたの？」と聞いても話したがらない様子。とにかく子どもの話を聞こうと問いかけても、なかなか話し出しません。それでも断片的に発する子どもの言葉をつなぎ合わせてみると、どうやら妻が子どもを怒ってカバンの持ち手をひっぱって壊したらしいということがわかりました。

でも、それを妻に問いただそうとしても自分と向き合ってくれない。その日は夜遅くなってしまったので、とりあえず日を改めて話し合おうと思ったそうです。

そして翌日。父親はあわただしく家を出て会社に行きました。夜、帰ってきたら、その日は子どもが学校に行かなかったことがわかりました。それ以降、登校拒否になってしまったとのこと。

さすがに放っておけないと思い、朝、通勤前に子どもと一緒に学校に行くことにしました。ですが、毎日というわけにはいきません。週に２回、２人で登校しているのが現状です。

「ただ、カバンの一件については、まだ家族で話し合えていないんです。登校拒否の問題のほうが大きいので、そっちをなんとかしなくちゃと思って……。妻も、そのカバンのことについては触れたがらなくて。だから、何となく聞き出しにくくて」

その父親は、子どもが突然登校拒否になってしまったことを悩んでいました。そして、「自分は父親・夫として、どの時点で何をすればよかったのか」をわたしに相談してきたのです。

ひとつひとつ細かいことを見ていけば、いろんなポイントがあったでしょう。父親としてやるべきこともあったかもしれません。

ですが、わたしが一番問題だと思うのは、夫婦の信頼関係が揺らいでいて、情報を共有できていないことなのです。父親から聞いた話でしかわからないのですが、それでも「よそ行きの夫婦」のような感じ、「うまくいっている夫婦を装っている」感じがしてしまうのです。

確固たる信頼関係があって、夫婦がちゃんと同じ方向を見ていたら、子どもに何が起こっても夫婦で話し合えるはずです。子どもから電話がかかってきて、「カバンが壊れちゃった」と言われたら、家に帰って妻に聞くでしょう。

「何かさあ、カバンのことで電話きたけどどうした？」

「いやぁ、実はね、さっきあまりに怒ってわたしが壊しちゃって……」

「えー？　何があったんだよ？」

「だって、あの子がね……」

夫婦で情報を共有したうえで、じゃあ親として子どもに対してどうするか。その話し合いができるはずです。妻も、自分が子どものカバンを壊したなんて夫に言いにくいとは思いますが、どんなこともさらけ出せる関係だったら「実はね」と言えるはずなのです。

さらけ出せないということは、夫婦の信頼関係が揺らいでいるということ。それは、「母親の不安」に直結し、不安定な心を生み出します。そして、母親の不安定はダイレクトに子どもの心の不安定につながります。母親が父親に本当のことを言えないように、子どもは母親にも父親にも本当のことが言えないでいるのです。

気持ちが安定している子どもは、父親に開口一番「お母さんがわたしのカバンを壊した」と言うはずです。それが言えないでいるのは、親同士が遠慮しあっている様子をいつも見ているから、子どもは父親にも母親にも遠慮するようになったのでしょう。

子どもが父親に電話をしてきたのは、父親へのSOSであったことは間違いないと思います。仕事が忙しい父親は、それほど長い時間家にいないのでしょう。家の中には常に母親と2人でいて、その母親との関係が行き詰まってしまったことが、カバン事件を機に表面化したのかもしれません。

でも、それは子どもが自分で解決できることではなく、ましてやひとりで抱え込むこともできません。だから、父親に助けを求めたのです。母親との閉塞した関係に風穴を空けてくれるのは、父親しかいないと思って電話をかけたのだと思います。

父親に電話をしてわかってほしかったのは、カバンが壊れたことでも、母親が壊したことでもなく、「何かわからないけど不安」ということだったのかもしれません。

登校拒否の理由が何なのか、はっきりしたことはわかりません。きっと、本人にもわからないでしょう。

今現在、この父親は、子どもの登校に付き添うという役割を果たしています。それはそれでいいことです。でも、この家族の問題を根底から解決するとしたら、子どもに目を向けているだけでは不十分です。子どもの不安定の源、妻の不安定を解消してあげなくてはならないのです。

子どもと2人でいる時間の長いこの母親にとって、日々のことを相談したり、悩みを打ち明けたりして自分の思いを聞いてほしい存在は夫です。父親が「あの子と何があったんだよ」と聞けないのは、妻への遠慮と子育てを妻に任せてしまっていることへの罪悪感なのかもしれません。遠慮や罪悪感をすべて取っ払い、大切な子どもの親として協力していこうよと妻に伝えることが第一です。

伝えるといっても、言葉だけではありません。実際の行動として、家に帰ったら少しの時間でも妻の話を聞くようにする。問題が起こったときは、責任問題を問うより先に、「これから2人で力を合わせて、まず何から始めようか」と話し合う。

特に大きな問題も起きず、そこそこ平和に過ごしているからといって、家族として安定しているとは言い切れません。相手への遠慮や不安が少しずつ溜まっているのに、表面張力でなんとかこぼれずに済んでいるだけかもしれないのです。今回の父親のように、カバン事件で一気に水がこぼれてしまい、あわてて拭きながら「なんでこぼれちゃったんだろう」ということもありうるのです。

むしろ、普段から気持ちをさらけ出しあっていて、何かがあるたびにぶつかってケンカをして、言いたいことを言い合っている家族のほうが安定していることもあります。いつも小競り合いの絶えない家族ほど、「別れるなんて考えたことないですよ」と言うくらい。

別の父親は、「妻と息子がケンカをしたとき、息子の言い分を聞くと、男として理解できる部分もあり、妻が間違っていると思うんですよね。でも、妻の話も聞かなきゃと思って聞くんですけど、そうすると息子が納得しない。妻に考え方を変えてもらいたいと思うんですけど、それもうまくいかず……。どちらの味方をすればいいのか悩みます」と言っていました。

問題は、「どちらの味方をするか」ではなく、「どちらからも本音を聞けるように、普段から信頼関係を築いておく」ということではないでしょうか。息子さんもお母さんも、相手を敵とみなしているわけではないと思います。核家族という少人数の共同体の中で、敵味方を作ってもしょうがありません。そのためには、常日頃から「気持ちをさらけ出す」ことが大事なのです。

子どもの不登校で悩んでいる母親がいました。口癖は「どうせ夫はわたしの話なんて聞いてくれませんから」。夫婦の協力が足りないと思ったわたしは、ご主人と2人でわたしのところに来てくださいと伝えました。

わたしの前にいても、会話はありません。子どものことを話し合う場なのに、なかなか話が進まないので、わたしが合いの手を入れていきました。

「お母さんは、こう思っているんですよね?」

「お父さんも、協力したいという気持ちはあるんですよね?」

「さらけ出す」というのが苦手な人たちが多いように感じます。ですが、苦手だからと黙っていることで、自分たちの大切な子どもの可能性をつぶしてしまうこともあるということを忘れないでください。

父親との関係をあきらめている母親

ある日曜日、本屋に行きました。学習参考書のコーナーをぶらぶらしていたら、家族連れがいました。母親、父親、小学校高学年と低学年の男子2人。4人家族です。

どうやら兄のほうが中学受験を控えているようで、母親が受験情報本を見ていました。その中の一冊を手にとって、父親に聞きました。

「ねえ、この本ウチに買ってあったでしょ？　読んだ？」

父親は、少し笑いながら答えました。

「えー？　あのさぁ、オレは君みたいに毎日ヒマじゃないんだよ。そんなの読んでる時間ないよ」

　それを聞いた母親はなんて答えるのかなと思い、わたしは思わず2人を見てしまいました。

　でも、母親は何も言いませんでした。黙って本を閉じて、子どもたちのほうに行きました。子どもたちは、「これ買って！」「ボクはこれ！」と母親に言っています。

　父親はというと、何もなかったかのように、他の棚を見て回っています。しばらくしてから母親が2人の子どもと並んで歩きだし、そのあとをお父さんがついて本屋を出て行きました。

　わたしもこれまでいろんな父親を見てきましたが、さすがに驚きました。「君みたいにヒマじゃない」と、何の罪悪感もなく言ってしまう父親がいまだにいることに。

ですが、ここまでひどい言い方はしないまでも、「自分は毎日仕事をして大変な思いをしている、その点、いつも家にいる妻はラクしている」という思いをどこかに持っている男性はいるでしょう。

この男性は妻にそういう発言をしても、特に問題だとは思っていません。なぜなら、特に感情的になっているわけでも、悪びれた様子もなかったからです。でも、母親は反応しないからといって許しているわけではないと思います。「この人に何を言ってもダメだ」と思っているのではないでしょうか。この人とはわかり合えないなと思いながらも、生活費は稼いできてくれるからなんとかなっているし、生きがいは子どもだから夫のことはどうでもいい。わざわざ離婚しても大変になるばかりだし、一応家族だから日曜日には買い物に行き、荷物が重いから夫が車を出してくれれば助かる……。

何も言わない母親は、父親のことをシビアに見ているはず。「どうしてそんな言い方するのよ」と怒るのはまだコミュニケーションを取ろうと思っている証拠ですが、何も言わないということはコミュニケーションを取る価値もない、そういう相手だと思っているからです。

　わかり合えていないだけでなく、わかり合おうともしていない。父親は「わかり合うということなんて頭にない」のです。母親のほうは、「わかり合うことを放棄している」状態ですが、本当はわかり合いたいと思っている。そうでなければ、「この本読んだ？」とは聞かないでしょう。

　極端なケースだと思われるかもしれませんが、母緒へのアンケートの中では共働きなのに稼ぎが低いという理由で下に見られたり、主婦業を簡単だと思われるという記述も見られ、「一切相談事はしないと決めた」「すでに諦めている」という方がいました。

　多かれ少なかれ、男性は「自分の見えている世界だけで生きている」という側面があります。

　今から10年くらい前の、父親向けの講演会では、自分の世界がすべてという人が多くいました。

「妻が勝手に申し込んだから、しょうがなく来ました」

「仕事で疲れてるんで、寝る気で来ました」

と、平気で言う人がたくさんいたのです。

講演会が終わったあと、たいていの父親は「これからは妻と話すようにします」とか、「子どもともっと一緒に遊ぼうと思いました」と言ってくれるのですが、中には自分の仕事の話を滔々（とうとう）とする人もいました。

「わたしは毎月半分は海外にいます。これからまた東南アジアに会社を作ります。数々の外国人と接して思うのは、日本人は戦うことが苦手だということ。これからの日本人は戦うことができなくては生きていけません。英語ができても、頭がよくても、戦う力がなければグローバル社会で生きてはいけないんですよ」

妻や子どものために、夫として、父親として何をすべきかというテーマの講演会なのですが、わたし相手に自分の仕事の話や持論を展開してしまう。まさに、自分の見えている世界でだけ生きている典型的な父親です。

でも、講演会に参加するというのは、どこかで妻や子どものためにという気持ちがあるということ。それが唯一の救いと言えるかもしれません。

自分の世界でしか生きていない父親たちは、母親とのコミュニケーションができていません。妻がイライラしていたら、「どうしてそんなにイライラしてるんだよ」と逆ギレしてしまいますし、妻が話をしてきたら「だからさあ、それは結局こういうことだろ？」と自分の論理で解決しようとする。どうしてこんなに簡単なこと、当たり前のことがわからないんだ、話をする意味がないとさえ思っています。

確かに、自分の世界では意味がないことかもしれないけれど、そうではない、別の感性を持った妻にとってはとても重要なこと。特に妻のほうが子どもへ向かう感性が敏感な場合、違う感性や世界観を持った者同士、夫婦として家族として生きていくのであれば、理解しようと努力することが大切なのです。

正直に言ってわたしだって、今でも妻の話を聞きながら「そうは思わないけどなぁ」と感じることはあります。ですが、それでもいいと思っています。同じ意見になることではなく、話を聞いて、妻がそういう気持ちであることを受け止めることが重要なのですから。

受け答えは3つでよい!?

妻とのコミュニケーションを積極的に取ろうと言っても、自分にとって興味のない話を聞き続けることほど苦痛なことはない、というのが本音ではないでしょうか。こちらがよかれと思って言った一言が気に障って逆にけんかになるという可能性もあります。そんな父親のために、相槌(あいづち)のコツをお伝えします。

父親向けの講演会をしていて思うのですが、男性という生き物は総じてリアクションに乏(とぼ)しいんですね。理由のひとつには、男性は「頭で聞く」ことがあると思います。言いかえれば「論理を解する」ということ。

反面、女性は会話の中で「感情を受け取る」傾向にあります。それが、リアクションの豊かさにつながっているのです。

ですから、父親たちが妻の話を聞くときに陥りがちなのが、「結局、それってこういうことでしょ」と結論を言ってしまうこと。感情を共有して共感してほしいのに「だったらこうすればよかったじゃん」と解決策を言われると、「この人は何もわかってくれない」となり、「信頼できない人」になってしまうのです。

「妻のすすめで来ました」と、講演会に参加してくれた小学3年生の息子を持つ、ある父親。妻の話を聞くことの大切さを話すと、こんな悩みを打ち明けてくれました。

「わたしは妻の話は聞いているほうだと思います。ですが、わたしのよくないところは妻にちゃんと指摘ができていないことだと思うのです。いつもめいっぱいがんばっている妻に意見を言っても『普段、家にいないからそんなことが言えるのよ！』と言われてしまい、返す言葉がなくなってしまうのです。でも、誰かが言わないといけないこともあると思うんですよね」

この父親は、とても一生懸命な方です。妻のすすめとはいえ、講演会に積極的に参加し、家族のためになることを学ぼうとする姿勢に好感が持てます。ですが、ひとつ大きな勘違いをしています。この父親のよくないところは、「指摘できていないこと」ではなく、「妻の話を黙って聞いて、受け止めていないこと」なのです。「聞いているほう」と思っているのは自分だけ。妻はおそらく「この人はわたしの話を聞いてくれない」と思っているから、講演会の参加をすすめたのだと思います。

ですから、父親向けの講演会では、まず始めに「うなずき」の練習をします。その練習をすることで、いかにこれまで自分がうなずいていなかったか、妻の話を本当の意味では聞いていなかったかが、よくわかります。

うなずくことの大切さを伝えたあとで、よく父親たちから質問されることがあります。「黙ってうなずいていたら『何か言うことないの?』と妻に言われるのですが、そう言われたら何て言えばいいんですか?」と。

そういうときは、まず「なるほどね」。意見は求められていません。あくまでも妻が欲しいのは「共感」です。

「なるほどね」には、「あなたの言っていることに納得していますよ」という気持ちと、「あなたの言っていることは正しいと思いますよ」というニュアンスが含まれます。

とある芸人さんが、以前テレビで言っていました。妻の話は、芸人の自分からしたらオチがなくておもしろくない。そのうえ長い。でも、妻の話を聞くのは苦にならない。「へぇ～」を3回言って、4回目に「すげぇ」って言うと、たいていは収まりがいいと。

「今日、魚屋さんに行ったの」
「へぇ～」
「すごく安くてね」
「へぇ～」
「1尾60円の魚があって」
「へぇ～」
「2尾買っちゃった」
「すげぇ」

これは極端な例としても、なんとなく、話したほうもイヤな気持ちはしません。くだらないと思いながら反応しない夫より、よっぽどいいはずです。

妙に頭のいいところを見せようとして正論を言われるくらいだったら、「へぇ～」「なるほどね」と言ってくれているほうがいいんです。ただうなずいたり、軽く反応することは、じゅうぶん話を聞いていることになります。

「黙って聞く」の次は、「問いかけて話を聞き出す」です。

ただうなずいているときは、「あなたの言うことに納得していますよ」という意思表示でした。「問いかけて話を聞き出す」のは、「あなたのこと、考えていることがもっと知りたい」というメッセージ。

妻の話を聞きながら、時折「問いかけ」をはさみます。怒濤(どとう)のように流れ出てくる妻の言葉の合間をぬって発言するのには高度な技を求められます。上手にやらないと「うるさいな」と言われてしまいます。

「それの何がイヤだったの?」

「それってどういうこと?」

「それで、何て言ったの？」

と、話の進行を促すような問いかけをするということが大事です。

そのときにも絶対に言ってはいけないのは、「それって、結局こういうことでしょ？」というまとめの言葉。

話を終わらせようとするのではなく、話を進めようとするために問いかけをするのです。「もっと聞かせて」「もっと知りたい」という気持ちが伝わることが大事なのですから。

ですから、話を終わらせようとして逃げてはいけません。逃げたいと思う気持ちをぐっとこらえて、むしろこちらから追いかけるくらい「もっと聞かせて」「もっと知りたい」と、妻の話を押していくのです。

「勝手にしろ」や「うるさいな」は問題外ですが、妻の話を聞くにあたってのNGワードには、他に「わかった、わかった」「聞いてるよ」があります。

何にしても、2回繰り返す言葉はいい加減に聞こえます。「はいはい」しかり、「やるよ、やる」とか「わかった、わかった」は2回言うことで「これでおしまい」という幕引きに聞こえるのです。「ごめんごめん」も誠意がありません。実際、言うほうは「これ以上言うなよ」と思っているのではないでしょうか。

また、「聞いてるよ」は、「聞いてるの?」と言われたときの答えです。そもそも、聞いているように見えないから聞かれているわけです。「耳に入っている」というのは、妻からしたら「聞いている」うちに入りません。

「以前から妻には『あなたは人の話を聞かない』と言われていて、自分ではそうでもないと思っていたんですが、実際は妻の言う通りなのかもしれません。そう気づいていても、なかなか難しいですね」(小学1年生男子の父親)

自分が女性の話を聞けない人間だなんて思ったこともありませんでした。ですが、妻に「話を聞いていない」と言われ、若い頃は生徒の母親たちから「先生、ちゃんと聞いてますか?」と言われ、「話を聞く」とはどういうことだろうと考え続けてきました。

その結果わかったことは、「共感の意を示すために、うなずき、問いかける」ことの大切さでした。

幼稚園年長の娘さんを持つ父親が、半ば冗談まじりにこう言っていました。

「若いお姉ちゃんの話なら何でも聞きたいけれど、妻の話は『ふんふん』と言いながらも聞いていないことが多いですね」

妻にも「若いお姉ちゃん」だった時代はあるはずです。そのときを思い出して、うなずきと問いかけの練習あるのみです。

父親には向いていないことがあることを知る

家族のため、わが子のためとはいえ、物事の得手不得手には個人差があり、性差では語れない部分が大きいのはもっともです。ですが、たくさんの父親たちに会って話を聞き、またわたし自身も長年男として生きていると、「男あるある」とでも言いたくなることがいくつか見つかります。

そのひとつ、顕著なのが「妻から頼まれた買い物を忘れる」ことです。

そんなことくらい自分はできる！　と思う方もいるでしょう。そういう方は、この項目は飛ばして読んでいただいてかまいません。

もし、一回でも妻から頼まれた買い物を忘れて怒られた経験のある方は「わかるわかる」と共感してくださるのではないかと思います。

私も妻から頼まれた買い物を忘れて「わたしの話、ぜんぜん聞いてないよね」と今まで何度言われたことか。

たとえば、夕方くらいに妻から「帰りに豆腐買ってきてね」とメールがあるとします。何も豆腐の銘柄にこだわったりする必要はなく、ただ途中のコンビニで買えばいい。それだけのことです。わたしは「了解」と返信します。

そして、最寄駅で降りた帰り道。スマホを見ながら妻のメールを見つけ、「そうだ、豆腐買わなきゃ」と思い出してコンビニに入ります。まずはATMでお金を下ろして、ちょっと競馬新聞でも買おうかなと雑誌の棚に向かいます。おお、あったあったとレジに並び会計をして店を出る。家について「ただいま」と玄関を入り、リビングに行くと、「おかえり。お豆腐は?」「……あっ」。

女性はたぶんまったく理解ができないと思います。メールで連絡したのは、見れば必ず思い出すから。帰ってくるまでに何回もスマホを見ますし、何回も

「豆腐」という文字を目にするでしょう。それだけ見ていて忘れるはずがない。そのうえ、コンビニに行っているんだから、むしろ忘れるほうが難しいでしょ、と。

わたしも長い間考え続けてきました。妻の言うことを本当に重要だと思っていたら忘れることはないんじゃないか、いや妻自身のことを大切に思っていたら忘れるはずはない……。妻を大切に思って、頼まれたことくらいはちゃんとやろう、そう何度も何度も言い聞かせてきました。でも、いまだに忘れます。そして、「信じられない」とあきれられています。

父親たちは、「どうして頼んだのに買ってきてくれないの」と怒られるたびに、自分のふがいなさと情けなさをつきつけられる思いになるでしょう。

「しょうがないじゃないか、そんなこと覚えていられるほどヒマじゃないんだから！」

こういうことがあったとき、父親たちには仕事が忙しいから忘れてしまうのではなく、自分はそういう生き物だと自覚してほしいのです。つまり、妻から頼まれた買い物ができない生き物である、と。そんなことくらいできるに違いないと、安易に思わないでください。そんなことすらできないと認める意識改革が必要なのです。

一方、母親たちには、男とはそういう生き物であるとあきらめてほしい。どんなに優秀な男性でも優しい男性でも、そういう小さな頼みごとを忘れてしまうのだと。

わたしも本当にそうです。「薬味に使うから、万能ねぎを買ってきて」と言われて、「ニラ」を買ってきたこともあります。スーパーで、商品札を見て買っているはずなのに、家に帰って妻に言われるまで何の疑問も持ちませんでした。

買い物ということだけで言えば、子どものほうがよっぽど上手にできます。テレビの「はじめてのおつかい」を見てもそうですよね。子どもは、言われたことを何回も反芻(はんすう)し、忘れないように努力する。普段から母親と一緒に買い物に行っている子どもは、母親の買うもの、買い方をとてもよく見ています。番組の中で、母親がいつも飲んでいるペットボトルの紅茶を、何種類もあるものの中からちゃんと買ってきた子どもがいました。お母さんが飲んでいるのは、カロリーオフのミルクティーだったのですが、メーカーも間違えずに見事に買ってきたのです。もちろん母親は大感激。

わたしはそれを見ながら、自分だったら絶対にムリだと思いました。メーカーはもとより、紅茶どころかコーヒーを買うかもしれない。「いつも目の前で飲んでるじゃない」と言われたら、返す言葉もありません。

買い物を頼まれたとき「安かったから」とビールを一箱買ってきて、妻から「そんなもの頼んでないでしょ」と怒られたわたしにとって、子どもの買い物の正確さには頭が下がります。

夫がハムとチーズを5千円で買ってきて腹が立ったという女性の話を聞いたことがあります。家庭の金銭感覚や台所事情がわかっていないということも男性にはありがちです。

妻たちからしたら、こんなに簡単なことと思うことでも父親にはそれができないのです。女性は、家のこと、特に子どものことではものすごく細かいことまで意識が向きます。第1章でも述べましたが、女性が子どものことに気づく能力の高さには、まったくかないません。

ですが、買い物がちゃんとできないということだけで、妻は夫を見捨てたりはしません。買い物ができなくても、女性が男性を許して受け入れるポイント、「ホントにダメねぇ」と言いながらも愛してくれるポイントがあるのです。次項ではそのことについてお話ししたいと思います。

女性の「かわいげボックス」に入る

生徒たちの母親と接している中で、夫のグチを聞くことはよくあります。「こういうところがダメ」「そうそう、どうして何回言ってもわからないんだろう」「もう、どうしようもない」と、それはそれは辛らつです。

ですが、よっぽどのことでないかぎり、家から出て行ってほしいとか、離婚するという話にはならない。グチを言っていても笑い話になっていて、どこか楽しそうなのです。最後には、「ホント、しょうがないのよねぇ」と笑って終わります。

小学2年生と1年生の姉妹を持つある母親によると、父親は仕事の都合で家を空けることが多いのだそうです。当然、家事や子育てはお母さん任せ。でも父親は、家にいる時間はできるだけ子どもたちとじゃれあったりして遊んでいるのだそう。その母親との面談で、1年生の娘さんのことについて話をしたとき、「困っている子がいると、とても親切にしていますよ」と伝えました。すると母親は言いました。

「ああ、優しいのはきっと主人に似たんだと思います」

普段は家にいなくても、父親はちゃんと家族のことを考えてくれている。時間がない中でも、一生懸命子どもと遊んでくれている。言葉のニュアンスから、母親の父親への信頼を感じました。そしておそらく、その父親が何か失敗しても、「かわいげ」をもって見守っているのではないでしょうか。

そういう様子を長年見てきてわかったのは、女性の心の中には「かわいげボックス」という領域があるということ。どんなにダメな夫でも「なんかかわいげがある」と妻が思ったら、夫はその「かわいげボックス」に入っていることになるのです。

「かわいげボックス」に入っていれば、多少の失敗があっても、ちょっと言い過ぎることがあっても、別れる、離婚するということにはなりません。究極的なことを言えば、高価なダイヤモンドを買わなくても、夫婦関係は良好に保たれます。

どうすれば「かわいげボックス」に入れるか。そもそも「かわいげボックス」とは何なのでしょうか。

女性は男性の何を見ているか？

第2章でも少し触れましたが、女性は、男性の外見や言葉、行動ももちろん見ていますが、もっとも重要視しているのは「思い」ではないかと思います。それは、言葉や論理を超えた感覚的なもの。論理や真理を重んじる男性がもっとも苦手とする分野です。

「この人は、本当にわたしたち家族のことを思っているか」

「普段はいい加減なところもあるけれど、いざとなったときに真剣に向き合ってくれるか」

「あまり家庭のことを顧みないところはあるけれど、心の底では何よりも家族を大切に思っているか」

言葉にするとありきたりですが、形にならない「思い」を妻たちは敏感に感じとるのです。

だから、調子がいいときや機嫌がいいときだけ大切にしてもダメ。そんなことははなっから見抜かれてしまいます。

休みの日に掃除を手伝うとか、買い物につきあうとか、そういうことをしていればいいというものではないのです。そこに「思い」があるかどうか。「言われたところはちゃんと掃除したよ。もうこれでいい？」とか、「どこまでやればいいいんだよ」なんて言った瞬間、「家の掃除なんて、お前がやればいいくらいに思っているんでしょ」と言われます。そこには「思い」がないことを見抜かれるのです。

たとえ、すみからすみまできれいに掃除ができていなかったとしても、見るからに楽しそうに「いやぁ、がんばったよ。きれいになって気持ちいいよね！」と嬉しそうに笑っていたら、妻は「まったく、しょうがないわねぇ」と言いながらつられて笑ってしまうのです。

一緒に買い物に行って余計なものを買ったとしても、「せっかくオレが来たんだから、荷物は全部持つよ。気にしないで買い物していいよ」と言われたら、「しょうがないわねぇ、でもありがとう」と喜んでくれるのです。

何をやったか、どのくらいやったかという量ではかれない物差しを女性は持っているのです。重さも長さも形もない、「思い」をはかる物差し。この物差しをクリアすると、めでたく「かわいげボックス」に入れるのです。

父親たちからすれば、その「思い」をどう表現すればいいのか悩むことでしょう。

講演会で「かわいげボックス」の話をしたあと、小学1年生の息子を持つ父親がしみじみ言っていました。

「自分もがんばっているので、それに対するねぎらいを妻に求めてしまっていたのですが、自分から進んでねぎらうことが大事なんですよね。そのためには、たとえ小さなことでも妻のことを気にかけるべきですね。変なプライドや照れが邪魔するところもあるんですけど、これからやってみます」

わたしがよく失敗するのは、生徒の母親たちと話していて、「えー？　そんなこと言ってましたっけ？」と言って、「先生、この間あれだけしゃべったのに覚えてないんですか？」と突っ込まれること。言いわけすれば、わたしは何十人、何百人という母親たちと話しています。一人ひとりの話を覚えているのは至難の業なのですが、母親たちからしたら常に一対一です。全部を記憶しておくのはムリでも、「そうそう、この間言ってたこと、その後どうなりました？」とひとつでもこちらから聞ければ、母親たちは「ちゃんと覚えていてくれた、ちゃんと思いを持ってくれている」と思うんですよね。

女性の「かわいげボックス」に入るためには、「思い続ける」「考え続ける」「覚えておく」ことで大切な気持ちを伝えることがポイントです。

かわいげがあれば女性に応援される

最近、取材や対談などで若い男性社会起業家たちに会うことがあります。彼らは、既存の仕事をするのではなく、自分で仕事を作る人たち。今、社会にどんなことが必要か、どんなことで社会に貢献できるかを真摯に考え、自分の力で組織を立ち上げて運営しています。

ユニークなアイデアがあり、ゼロから作り上げるバイタリティーがあり、人を引きつける魅力がある。年齢やキャリアに関係なく、そういう人たちに会うとわたしも刺激を受けます。

そして、彼らの多くに共通しているのは、すごく優秀な女性スタッフがついていること。パイオニアとしてバリバリつきすすんでいく彼らをサポートする女性たちの存在です。

先日も、ある社会起業家と会ったとき、秘書の女性が笑いながら言っていました。

「何か、社長にはいつもうまくやらされちゃうんですよね」

この言葉はまさに「かわいげボックス」から出た言葉です。性的にどうこうではなく、心から尊敬していて惹かれている。この人のためだったら何でもやってあげたいという好意です。

たとえ、普段はだらしなくて、シャツの裾がズボンからはみ出しちゃうような人でも、一旦仕事のプロジェクトや経営について話し出したら目がキラッと光って話が止まらなくなる。多少ナンパっぽくても、仕事のことだけは理知的でエネルギッシュ。そういう男性は、強力な女性の応援が得られるのです。

ギャップがある人は、男女問わず人を惹きつけますが、社会起業家にはそういう人が多いような気がします。完璧な人は近寄りがたい雰囲気がありますが、少し「隙」があると親しみやすさが生まれます。でも、親しみやすいだけではダメで、同時に尊敬できる本気度がなくてはなりません。

これは、家庭の父親たちも同じですね。イヤなことがあっても、とりあえず毎日会社に行って、毎月給料をもらって、退職金がもらえるまで働く。特にやりがいはないけれど、辞める理由もないから行っておこう。それでは妻から尊敬されませんし、「かわいげボックス」にも入れません。

女性は、本気で一生懸命な男性のことをとても評価します。仕事にしても、会社や業務の詳しいことはわからなくても、志を持って仕事に向かっていたり、どんなにツライ仕事でも投げ出さずに真剣に取り組んでいれば、出世や給料などは二の次。「この人を応援したい」と思うものです。

家庭でも同じです。妻と子どものいるこの家族と一生過ごしていきたい、一緒に幸せになりたいという気持ちがあふれていれば、何があってもやっていこうと思うものなのです。

家では妻とタッグを組む

ここまでいろいろと述べてきましたが、究極的にはわかり合えないのが夫婦です。だからこそ、互いに思い合って努力し合って、子どもの幸せと家族の幸せのために協力していくのです。

「夫婦」というから相手に過度な期待をしてしまうのであれば、「妻とタッグを組む」と考えるといいと思います。

子どもを幸せにするというゆるぎない共通の目的のために、力を合わせて戦うためのタッグを組む。父親向けの講演会でそう言うと、「なるほど、そういうことか」とすごく納得してくれます。

1日は24時間。そのうち、妻と一緒に過ごす時間は何時間くらいでしょう？朝はせいぜい1～2時間、夜はその日によって違うと思いますが、長くても5時間くらい、短い人だと朝とあまり変わらないかもしれませんね。

そう考えると、妻と顔を合わせるのはほんの数時間。1日の数時間、タッグを組むことに専念する。それならがんばれるのではないでしょうか。

知り合いの30代の男性は、職場で上司や他部署の人にやいやい言われて、帰る頃にはへとへとになっていると言います。家の前につくと、玄関の扉を開ける前に一度深呼吸をして「さあ、やるぞ！」と気合を入れて入るのです。へとへとのまま帰ると、疲れ切って妻の話が聞けないからだそう。

彼の「やるぞ!」はまさに「タッグを組むぞ!」ということでしょう。妻が寝たあと、ひとりでゆっくりビールを飲む時間が一番ホッとする。だから、せめてそれまでの時間は、タッグを組むことに集中するのです。

単身赴任の父親は、家族と過ごす時間が圧倒的に少ないことを心配していますが、こうして見てくると、物理的な時間の長さが問題ではないことがわかりますよね。限られた時間の中で、どれだけ強固なタッグが組めるか。それが大事なのです。

よく、妻と共通の話題がなくて会話が弾まないと悩む父親がいますが、そもそも、共通の話題や趣味なんてないと思うところからスタートしたほうがいいと思います。共通の話題や趣味がないからこそ、たまたま何かで興味が合うと盛り上がることがあります。

家で妻がテレビを見ていたとき、たまたま隣にいたことがあります。韓国のタレント志望の女の子たちが何百人かいて、その中からセレクションされてスターになるというオーディションのドキュメンタリーだったのですが、何気なく見ていたらおもしろくて、彼女たちのファンになってしまいました。

普段は一緒にテレビを見て盛り上がることなんてないのですが、そのときだけは2人で「この子、どうなるんだろうね」と言いながら楽しく見ていました。いつものことではないからこそ、そういうことが特別に思えて、より一層楽しくなるんですね。今でも覚えているくらい印象的な出来事です。

わたしの住んでいる埼玉県の浦和は、Jリーグ「浦和レッズ」の本拠地です。ウチはそれほど熱狂的ではありませんが、レッズの試合をテレビでやっていれば一緒に応援します。ご近所には、そろってスタンドに通い詰めるという夫婦もいます。夫婦共通の趣味があれば、それはそれで幸せなことですね。

例外なく夫婦がそろって燃えるのは、子どもの運動会など。発表会やお遊戯会もそうですが、子どもががんばっているのを応援するときには、間違いなく盛り上がります。

ですので、何か子どもの行事があったらできるだけ夫婦で参加することをおすすめします。夫婦が同じ方向を見て話ができますし、子どもにがんばってほしいと思う気持ちは同じはずですから。

話し合うなら車の中で

一生懸命タッグを組むことに専念していても、どうしても避けられないことがあります。

それは、妻からの「ちょっと話があるの」という申し出。

妻のほうは何の気なしに言っていることもあるのですが、父親たちは「話があるの」と言われたとたんに逃げ出したくなるでしょう。女性が改まって言ってくるときは、いい話でない可能性が高いということを経験的にご存知でしょう。

そういうときは、車に乗ってドライブしながら話そうよと提案してみます。車の中では互いに前を向いて横並びに座っているので、真正面から見つめられる息苦しさから逃れることができます。それに、「景色がきれいだね」と気持ちをリラックスさせることもできます。

実は、母親向けの講演会でも、「夫と2人でじっくり話がしたいときは、車に乗ることです」と言っています。父親との話し合いはもちろん、思春期の子どもとの話し合いにも効果的ですよ、と。

先ほど、「ちょっと話があるの」と言い出すのは母親だと言いましたが、確かに、父親から「話があるんだ」というケースはあまり聞きません。ですが、最近の母親たちを見ていると、夫に「話があるの」と言えない人が増えているように感じます。

なぜ言えないのかというと、「言ってもどうせ聞いてくれない」「話すことが大事なことだと思ってくれない」から。父親から「えー、いいよ。別に話すことないし」と言われると、それ以上言えないようなのです。

父親は、スルーできたら「その話は解決した」と思います。「話すことないし」と言ったことを妻が了承したのなら、その話はもう終わったと思うのです。

それはいかにも早計にすぎます。母親の中では「聞いてくれなかったポイント」が加算されていきます。そしていつか、「あのときも、あのときも聞いてくれなかった」となるでしょう。

夫は解決したつもりになっているだけで、妻の中では解決どころか火種が増えているということもあるのです。

だから、ドライブコミュニケーションをおすすめしているのです。

もっといいのは、夫婦2人で食事に出かけることです。2人で過ごす時間はとても大切です。食事については、ぜひ夫のほうから誘いましょう。

ストレートに、「たまには2人で食事に行こうよ」と誘うのがいいと思います。そこはあまり策を練らずに、シンプルなほうがいい。

家庭でも仕事でも、「あなたと一緒にやっていきたい、あなたが必要なんだ」という気持ちが相手を動かすと思うのです。

たくさんの女性がいる中でこの人を選んで結婚して夫婦になり、子どもができて家族になった。縁があって一緒に生きることを選択したのですから。

第3章のまとめ

- 妻の話はうなずきながら、「へぇ〜」「なるほど」と言って聞く。
- 妻の問いは解決しなくてよい。聞くことを意識する。
- 家庭では妻とタッグを組む。

第4章 父親が伝える「生き抜く力」

子どもと思いっきり遊べていますか？

本章のテーマは、「父親が子どもに伝える『生き抜く力』」。子どもが孤立せず社会で生き抜くための自信をつけるには、父親が子どもを外の世界に触れさせる必要があります。第2章でも父親の役割については述べてきましたが、より実践的に父親ができることを紹介していきます。

まず必須なのは、子どもと遊ぶことです。

子どもと遊んでいる父親のことは、母親も信頼しています。母親に対してうまく接することができなかったとしても、最低限、子どものことだけはちゃんと大事にしている。子どものことは関心をもって育てている。それが伝わるだけで信頼に値するのです。

小学2年生の男子と、小学5年生の女子を持つ父親。上のお姉ちゃんは父親と遊ぶことからはもう卒業してしまっているので、今は2年生の弟と毎週末過ごしています。

弟はサッカーをやっています。週末はサッカーの練習や試合があり、父親はそれに同行しているそうです。男同士であり、またスポーツという興味のあることなので、父親はすすんで参加しています。

練習や試合が終わるといつも、父親は息子がサッカーをしている写真をSNSにアップするのです。「これから試合、がんばれ！」とか「ゴール決めた！」、あるいは「負けた、残念！」といったように、息子ががんばっている様子を事細かにアップしています。

子どもががんばっている写真は、とてもかわいいものです。友人たちから「いいね！」がもらえたり、「親子で楽しそう」というコメントが来たり、反応があるのが嬉しくてまた張り切ります。

それを見ていると、サッカーをやっている子どもよりも、写真を撮ってアップしている父親のほうが楽しそうなのです。

母親に会ったときに、「息子さんのサッカーの様子、いつも見てますよ。いいですね。お父さんも楽しそうにやっていますね」と言ったら、「そうなんですよ。夫は子どものことをとてもよくやってくれるんです。本当に助かってます」とべた誉めでした。

父親が子どもと一緒に遊んでいて子どものことを本当に大切に思っていることが母親に伝わっているので、その母親はとても気持ちが安定していました。父親のことは、「助かってます」という言葉でわかるように、感謝とともにちょっと自慢でもあるようでした。

遊びとともに父親におすすめしたいのは、勉強を教えること。第2章でも触れましたが、特に算数の文章題については母親よりも父親のほうが向いていいます。文章題は、基本的な語彙力、文章を精読する力、場面を映像化してイメージを描く力などが必要で、論理的に思考する力が問われるものだからです。

母親の中には教育熱心な方もいますし、高学歴で優秀な方もいます。ですが往々にして母親が勉強を教えると、あまりうまくいきません。それは、母親と子どもの距離が近すぎるから。母親は子どもを心配しすぎるあまり、「できないこと」を指摘してしまいがちです。「なんでこんなの間違えてるの」「ちゃんと読みなさいって言ってるでしょ」「この間習ったでしょ、どうしてできないの」と感情的になりすぎて、子どもがイヤになってしまうのです。

その点父親は、客観的に関わることができます。もちろん全員ではありませんが、「ここはできてるよね、でもここがわかっていないからこれができないのかな」と分析しながら説明するのが得意な方が多いようです。

週に一度、週末くらい宿題を見てあげたり、一緒に勉強をする時間を持つのもいいかもしれません。

母親が家庭の基礎をつくり、父親が安心をつくる

わたしたちは生徒の母親たちと定期的に面談します。そのときに、「このお母さんは、安定していておおらかで、余裕があるな」と感じるときがあります。そういう家庭に共通することが3つあります。

ひとつめは、父親が子どもと遊んでいること。2つめは、父親が母親の話にちゃんとうなずいていること。3つめは、母親の相談ごとを父親が受け止めて

いること。

この3つは、おおらかな母親に共通して言えることです。

父親からしたら「子どもと遊ぶくらいのことが、そんなにいいの？」と思うかもしれませんが、本当に重要なのです。母親の心の余裕と夫への信頼感というこの2点を取っても、子どもと遊ぶことの効用は大きいと言えます。

ですが、「子どもと遊ぶなんて簡単なこと」と言いながらも、それができない父親が多いのも事実です。というのは、今の父親たちが子どもの頃、父親と遊ぶことがほとんどなかったのです。一般的には週休1日、父親たちは会社人間で平日は残業の毎日。子育ては妻に任せっきりで、子どもと触れあう時間も体力もない。

若い頃、子どもと関われなかった世代の男性たちが孫を可愛がるのは、年を重ねた今こそ子育てを楽しみたいという思いからとも言われていますね。

実際、今の父親たちからは、こんな声があがっています。

「幼少期から高校時代まで、父は仕事が忙しく、平日はほとんど会うことができませんでした。会うのは日曜日だけ。でも、とても恐い存在で、一緒に遊んだ記憶はありません。日曜日が来なければいいのにと思っていました。だから今、自分が父親としてどう子どもに接すればいいのかが手探り状態なんです」（小学3年生の男子の父親）

たかが子どもと遊ぶだけ、ではないのです。父親に遊んでもらった記憶がないから、父親としてどう遊んであげると子どもが喜ぶかがわからない。そういう苦悩の中で、必死に努力しているのが今の父親たちなのです。

そんな中で、子どもとの遊びを上手にしている方もいます。ある有名企業に勤める30代の男性。子どもは小学2年生の男子です。アウトドアが得意な人で、普段から子どもとも遊びに出かけていました。

夏休みのある日。妻にこう言ったそうです。

「今日から2泊3日で、男同士のキャンプに行ってくるよ。だから、その間、家事を休んでほしい。自分の時間として、思いっきりやりたいことをやってもらいたいんだ。だから、家事はむしろやっちゃダメ！　オレたち2人がいないんだから、掃除も洗濯もいつもの3分の1でじゅうぶん。やらなくていいからね」

2人でキャンプに行き、子どもはパパとめいっぱい遊んで大満足。父親も子どもの成長を感じられるいい機会になったそうです。そして、帰宅。びっくりしたのは、母親がいつも以上に家事をがんばっていたこと。3分の1でいいと言ったのに、3倍もやっていたのです。

その父親にとっては、子どもとゆっくり遊べただけでなく、妻が今までになくいくらい喜んでくれて、自分を心の底から信頼しているのがわかった出来事だったそうです。

子どもと積極的に関わるということは、子どもにとってもいいことですし、妻との関係においてもいい。母親としては、子どもが「楽しかった!」と言うことが何より嬉しいのです。そこに、自分への気遣いが含まれていたらなお嬉しい。

これを読んで、子どもともっと遊ぼうと思っていた方がいたら、今すぐに実践してください。来週とか、ヒマができたらなんて言っている場合ではありません。子どもと一緒に遊べる時間は、そんなに長くはありません。

大人になったらまた大人同士の付き合いができるかもしれませんが、そうなるためには子どもの頃から一緒に過ごしておくことが大事なのです。

メディアが伝えない大人の本音感を伝える

子どもの成長過程について、わたしが講演会でよく説明に使っている例に、「赤いボックス」と「青いボックス」の話があります。

だいたい、4歳から9歳までは赤い箱の中にいると考えてください。赤い箱は、さなぎが幼虫になるまでの生育環境です。この赤い箱の時代には、とにかくあふれんばかりの愛情で育てて、基本的なしつけをします。

約束を守る、時間を守る、学校に遅刻しない、友だちとケンカをしたらあやまるなど、本当に基礎の基礎を「習慣」にさせます。

でも、それ以外の部分ではスキンシップをしたり、言葉で「あなたが大事だよ」と伝えたり、子どもの心を愛情でいっぱいに満たしてあげる。それが必要な時期なのです。

10歳は過渡期、11歳から18歳までが、若い成虫の時期で青いボックスの時代です。赤の箱の時代に伝えたのは「原則論」ですが、10代が知りたいのは「人生の本音」。能力差もモテ度も差があり、だましてくる人間やずるい人間も大勢いる世の中の荒波を生きている経験談や本音を知りたいのです。

「花まる」では、幼稚園の子たちから小学校、中学校、高校までを見ています。すると、だいたい小学5年生くらいになると、子どもたちが興味を持って聞くのは大人の本音です。

人を信じることが大事というけれど、本当は信じられないくらいイヤなヤツもいる。がんばればむくわれるというけれど、がんばっても結果がでないこともある。世の中っていうのはそういうもんなんだということを話すと、子どもたちは集中して聞くのです。

本音感を話すのは、やはり同性同士の親子がいいようです。男子は父親の話を聞きたがり、女子は母親の話を聞きたがります。

たとえば父親だったら、仕事でのイヤな経験でもいいでしょう。

「この間仕事でものすごいクレーマーが来て、こんなひどいことを言うんだよ。お客さんだと思うから失礼のないようにって我慢したけどさ、でも頭にくるんだよな。お父さんは、ふざけんなよって思ってるけど、それを顔に出すわけにいかないから、ホント大変で。でも、イヤなヤツだからって、お父さんが逆ギレしたら、会社に迷惑がかかるじゃん。仕事ってそういうもんなんだよな」

子どもは父親が普段どんな仕事をしているかわかりません。たまに酔っぱらって帰ってくると、「なんか、お酒飲んだりして、仕事って楽しいのかな」と思っているかもしれない。でも、本音を言うとイヤなこともいっぱいあって、それでも耐えてがんばるのが仕事なんだと言われると、その「本音感」が大人の世界の扉を開けてくれるように感じるのです。

「花まる」のサマースクールでは自然の中で走り回ったり、みんなで川に飛び込んだりします。その一方で、生徒たちの修学旅行として長崎の原爆資料館に行ったりもします。

原爆資料館に行ったあと、夜は旅館でわたしが生徒たちに話をします。そのときには生きるうえで私が思うこと、信じていることを率直に語るだけ。正解なんてありません。本気で本音で語るのです。

「『戦争はよくない』とだけ言ったって何も変わらないんだ。『ヒトラーは選挙で選ばれた』という一点が象徴的。全ては『敵』や『悪人』を仕立ててあげてほっとするという『人間の弱さ』が大きな原因で見つめ続けなきゃいけないよね。テレビや週刊誌を見てごらん。人の悪意があふれているでしょ」

私は、大人として責任をもって「本音」を語ります。子どもたちは本当に真剣に聞いていています。「この大人は、今、本当のことを言っている」、そう思ってくれます。

そのうえで、「きみたちはどう思うか、考えてみてほしい」と言います。正解なんて始めからない、先生が言っていることも正解ではない。ただ、先生自身は自分なりの正解だと思って言っている。だから、君たちも自分の正解を見つけてほしい。そう伝えると、子どもたちの目が変わります。

メディアを通しては聞けない話が本音です。今のメディアは規制が強くなって、本音が伝えられなくなっています。メディアから流れる本音は、メディアの統制のとれた「本音とされるもの」です。

だからこそ、目の前にいる大人が、子どもたちに本音を語る必要があるのです。わたる世間に鬼はなしといったようなきれいごとではなく、世界は決して美しいことだけではないということ。だからといって、この世に絶望してほしいわけではありません。志をもって、家族を大切にして生きていくことが大事なんだということを知ってほしいのです。

母と娘の関係で言えば、男女の関係についての話をすると女子はぐっと食いついてきます。女子は男子より早熟ですし、小学生の間はその開きがとても大きい。

これは余談ですが、以前サマースクールで、5年生の女子たちの会話をたまたま耳にしたことがあります。何の話をしているのかと思ったら「結婚しても働くかどうか」でした。「やっぱり結婚しても仕事したいよねー」「うん、大学を出て就職したなら、辞めたくないよね」と。今から将来のことをしっかり考えているなんて、すごいなと思いました。

母親が娘に本音感の話をするとしたら、自身の恋愛経験が一番効きます。どうやって結婚相手、つまり父親を選んだか、どんな恋愛をしてきたか。体の変化のことや女友だちとのこと、お化粧の仕方からファッションのことまで、母親の具体的な話を聞きたいのです。

10歳以上の子どもには「べき論」は通用しません。「人間とはこうあるべき」「社会とはこうあるべき」「仕事とは……」「家庭とは……」「男とは……」「女とは……」なんて、興味を持たないのです。

聞きたいのは、大人が実際にやったこと。失敗も成功も自慢も反省も含めて、本当にやったことに関心があるのです。

子どもには、人生のいい面だけを見て育ってほしいなんて思ってはいけません。子どもは、生きる厳しさや大変さを知りたいと思っているはずです。生きるってそんなに甘くないということを、信頼できる大人の口から聞きたいと思っています。

それができるのは、一番近くにいる親です。厳しい現実を教えるとともに、それでも自分には子どもがいて家族がいて今は幸せだという理想の姿を示してあげてほしいのです。

あくまで子どもに伝えたいことは、厳しいことやツライことがあっても、生きるっていうことはすばらしいというメッセージです。

スタジオジブリの宮崎駿監督が、会見で言っていました。

「子どもたちに、この世は生きるに値するんだということを伝えるのが、自分たちの仕事の根幹になければいけないっていうふうに思ってきました。それは今も変わっていません」

わたしも同じです。この世には、いいことも悪いこともたくさんある。いい人もいれば悪い人もいる。傷つけられることもあるし、自分が他人を傷つけることだってある。

でも、やっぱり生きることはすばらしい。生きているから幸せになれるのです。生まれたからには、生き抜くことが大事。そのためには、上っ面（うわつら）のことだけでなく、ネガティブな側面も知っておいたほうがいい。ネガティブなことを、悪意ではなく愛情をもって話せるのは、身近にいる大人なのです。尊敬されるような話をしなくていい。本当のこと、本音を話せばいいのです。

思春期の娘とどう付き合うか

娘を持つ父親は、娘とどう接すればいいのか悩む時期がきます。話しかけても無視される、何か聞かれたから答えたら「ふうん」の一言で終わる。どうしたらいいですかというのはわたしもよく聞かれます。

身も蓋もない話ですが、何の落ち度もなくてもしばらくは嫌われる時期が必ずあるので、その時期はあえて近づかないのが賢明です。「娘も大人になったのか」とその成長ぶりを喜ぶくらいの余裕をもってください。

ただ、そういう時期であるというだけで、完全に嫌われているのとは違うと思います。小さい頃は父親と普通に接していたなら、たとえ無視していても、根っこの部分では好きなのです。

無視していても意識は向けているはず。娘が見ていないと思って気を抜いてはいけません。横目でちゃんと父親を見ているのです。ですから、年頃の娘に対して父親ができることは、気を抜かずに、一生懸命よりよく生きること。娘も妻と同じように一生懸命さや本気度、「思い」を見抜きます。一挙手一投足を見られていると思っていて間違いはありません。

ですが、ヘンに格好つけたり気張ったりするのは逆効果。ありのまま、一生懸命に仕事をし、家族を大切にする。そうしていれば、いつか雪解けがきます。

〝いじめられスイッチ〟を押されない子にする

子どものいじめ問題は、永遠の課題としてあります。

親として心配なのは、まず自分の子がいじめられないようにすること。誤解を恐れずに言えば、いじめられる子にはいじめたくなる要素があります。

いじめられる要素のことを、わたしは〝いじめられスイッチ〟と呼んでいますが、このスイッチをいじめっ子に押させないことが大事なのです。

いじめられスイッチを押されないためには、何かひとつ自信を持つこと。どんなことでもいいので、他の友だちに負けないようなことがひとつあればいい。もともと足が速いとか、ピアノがうまいといった、明らかにそれとわかることがあるなら、それを伸ばしてあげればいい。

そもそも、いじめられない子というのは、毅然とした態度がとれる子です。もし、いじめの萌芽になりそうなちょっかいを出されたとしても、からかわれたとしても、毅然として「やめてよ」と言えたら相手の対応は変わってくるはずです。つまり、自信を持って毅然としている子を相手に、いじめは続かないのです。

毅然とした態度がとれる子は、何かひとつでも自分に自信がある子です。人間としての「軸」と言ってもいいでしょう。子ども同士で「こいつには、このことではかなわない」と思わせる何かです。それがある子には、いじめっ子が寄ってくることはまずありません。

速く走れるとか、ピアノが上手といったわかりやすい特技がない子どもは、「自分には何もない」と思ってしまいます。それを見つけて伸ばしてあげるのが、親の役目です。

子育ての基本は、自信を持たせることです。言いかえれば、自己肯定感。自分は価値のある存在であるという自信を持つこと。これは、親がしてあげなくてはなりません。

友達に優しくできたことや飼っている生き物の世話をきちんとしているなど、日ごろの生活から子どものよいところを見つけられるのは親なのです。

家族そろって長距離マラソン

前項の、たったひとつでも得意技をつくる、ということにもつながるのですが、もし自分の子どもに何か自信をつけてあげたいと思っているのであれば、わたしがおすすめしているのは長距離マラソンです。

まず、運動という分野は得意技としてわかりやすく、そのうえ、子どもたちの中で運動ができる子というのは、必ず一目置かれます。

「ウチの子はそもそも運動が苦手だし好きじゃないから、マラソンなんて絶対にムリです」という話をよく聞きますが、長距離マラソンは、練習すればするだけタイムが伸びます。

マラソンは運動神経ではなく、いかに継続できたかで決まるスポーツです。また、短距離や、サッカーや野球のような球技は、やはり運動神経やセンスが問われます。マラソンはどんなに苦しくても最後まで走りきる、その気持ちが鍛えられるという側面もあります。

子どもにひとりでマラソンの練習をしろというのは少し酷な話ですが、父親母親、兄弟がいれば兄弟も一緒に、家族そろって朝マラソンをするというのはいかがでしょうか。子どもの付き合いで運動すれば、健康にもいいでしょう。子どもと一緒にがんばることで絆が生まれ、信頼関係が築けます。

実際、わたしが講演会で家族の早朝マラソンをすすめて、成功したご家族の例はたくさんあります。

「花まる」で一番最初に家族マラソンを始めた父親は、ご自身も運動が苦手な方でした。子どもが運動ができないのは自分のせいだと思っていたようで、思い切って一緒にマラソンを始めました。

まずは走ることが大事ですからフォームがどうかなんて気にする必要はありません。その方は続けていくうちに、子どもにも自信がつき、父親である自分も自信が持てるようになったと言っていました。

また別の母親に会ったとき、笑顔の絶えない様子が印象的でした。話を聞くと、休みの日には、父親が小学4年生の娘と1年生の息子を連れて遊びに出かけているそうです。それで笑顔なんだなと思っていたら、「実は、先生……」と切り出しました。

「最近、毎朝家族4人で走っているんですよ。わたしもですよ！」

あまりに嬉しそうだったので、わたしは「それは幸せですね」と言いました。

とでしょう。

「はい、幸せです！」と満面の笑み。きっと毎朝幸せな気持ちになっているこ

また先日、ある母親から相談を受けました。

「夫が、オーストラリアのマラソン大会に、息子と一緒に出場したいと言っているんです。子どもには学校を休ませると言うんですけど、そこまでして行かせていいものかどうか迷っていて……」

父親は、子どもと一緒に走ることがどんどん楽しくなっていったのでしょう。もちろん、子どもも走ることが楽しいのだと思います。それが高じて海外の大会に行きたいと言い出すあたりが男性らしいと言えるかもしれません。

わたしは母親に、「お父さんが本気で子どもと一緒にオーストラリアで走りたいと思っているなら、学校を休むのもアリだと思いますよ。そんな経験ができるのは今くらいですから」と答えました。

母親はちょっと考えてから、「そうですね、きっと夫は本気だと思います。じゃあ、行かせてみます」と言いました。

確かにこれは珍しい例ですが、その母親は、父親がそれだけ子どもと走ることに本気になってくれたのが嬉しいと言っていました。

長距離走で脚力や持久力を鍛えるのは、受験やそのもっと先の就職活動にも役立ちます。体力はもちろんのこと、継続する忍耐力や粘り強さに直結するからです。何かをやりとげる力は、人生の様々な局面で必要となることでしょう。子どもに絶対的な自信をつけてあげたい、子どもとの絆を深めたい、と思われる方は家族マラソンを始めるのもおすすめです。

きっと何かが変わるはずです。

第４章のまとめ

●子どもと遊ぶことは父親の義務。
●子どもの自信、生き抜く力は、親が養ってあげるもの。照れずに本音でぶつかること、取り組むこと。

父親におすすめの子どもとの遊び方リスト

体を動かしながら、子どもの好奇心を刺激します。何より、大人と子どもの触れ合いを大切に。リストのものを発展させて、それぞれオリジナルの遊びを考案してみてください。子どもは父親と一緒に体を動かすことが何より楽しいのです。

〈屋内編〉

・**単位遊び**

雨の日におすすめです。重さや長さをはかる遊びで、「これ何グラムだろう?」と小麦粉や卵などの身近なものの重さを予測して、実際にはかります。2リットルのペットボトルの水を500ミリリットルのペットボトルに移し替えるというのもいいでしょう。楽しみながら単位の感覚を身につけることができます。

・**推理ごっこ**

家の中のどこか一カ所を写真に撮り(スマホやポラロイドカメラなど)、それがどこなのかを当てるゲーム。ドアノブのアップや真下から撮影した水道の蛇口など、普段と違うアングルにするのが楽しむコツです。

・たかいたかい

子どもはみんなが好きな遊びです。たかいたかいをしたときに、普段は届かないタンスの上など、高いところにあるものに触れるというのもおすすめです。

・届くかなゲーム

大人が手を出して、子どもにハイタッチしてもらいます。だんだん手の高さを上げていきます。子どもたちに、チャレンジして「できた！」という自己肯定感が育ちます。これまで届かなかった高さに届いた、という実感は大人にも子どもにも成長した喜びになります。

・乗り物ごっこ（ぎっこんばったん、お馬さん、ジェットコースター）

子どもとのよいスキンシップをはかるためのアイディアです。特に、より体力のある父親に向いている遊びといえます。

・**お風呂遊び**

水かけっこや水鉄砲など、水を使った簡単な遊びを経験しておくとよいでしょう。水に対する抵抗感をなくしておけば、外遊びも積極的に楽しめます。

・**カードゲーム**

百人一首、ウノ、アルゴなど。複数人数で行うゲームであれば協調性も身につきます。

・**ボードゲーム**

第2章でも述べましたが、将棋や囲碁などのゲームのあとの感想戦を通じて論理的思考を養うことができます。

〈**屋外編**〉

・**散歩**

お家のまわりや近所を歩くだけでいいです。四季の変化を感じながら歩くだけでも子どもの感受性が磨かれます。きれいな花を見たら「きれいだね」と一言口に出し、立ち止まって眺めてみましょう。子どもの観察眼を養うことに役立ちます。

・買い物

子どもに経済感覚やお金の大切さを知らせることができます。500円、1000円と上限を決めて、その中で晩御飯の食材を買うなどテーマを決めると子どもも楽しめるでしょう。

・人間ウォッチング

街行く人を見て、どんな会話をしているか想像し、会話の吹き替えをします。楽しみながら、子どもの想像力を伸ばします。

・簡単にできる外遊びのアイデア

急に●●する（急によーいドンで走り出す、急に後ろ向きに走り出す）
信号待ちの時間を子どもと一緒に数える
街の●●を探せ！（マークや数字や色を指定して父親と子どもで一緒に探す）

父親から子どもにすすめたい絵本・本リスト

子どもの感受性、基礎的な思考力を養うためには絵本や本を読むことをおすすめします。特に、父親と一緒だからこそもっと楽しくなる絵本や、父親から子どもに渡してほしい本をまとめました。

〈科学・自然・生き物の本〉

一般的に母親よりも父親のほうが強い分野です。雑学を披露したり、途中で少し脱線したり、実際に庭の草花を見てみたり……。親子で様々な会話が弾むことが期待できます。

- 『せいめいのれきし　改訂版』（バージニア・リー・バートン＝文・絵／いしいももこ＝訳／まなべまこと＝監修／岩波書店）
- 『よわいかみ つよいかたち』（かこ・さとし＝著・絵／童心社）
- 『はははのはなし』（加古里子＝ぶん・え／福音館書店）
- 『たべられるしょくぶつ』（森谷憲＝ぶん／寺島龍一＝え／福音館書店）
- 『これがほんとの大きさ！』（スティーブ・ジェンキンズ＝作／佐藤見果夢＝訳／評論社）

〈社会の本〉

社会の中で働くこと、生活することの大変さや喜びを、ときには実感のこもった言葉で語りながら読むと様々な会話が生まれます。電車好きの父親であれば、それに関する本でいいものも多く出ています。

- 『新幹線のたび　～はやぶさ・のぞみ・さくらで日本縦断～』（コマヤスカン＝著／講談社）
- 『やこうれっしゃ』（西村繁男＝著／福音館書店）
- 『しごとば』（鈴木のりたけ＝著／ブロンズ新社）
- 『父さんの小さかったとき』（塩野米松＝文／松岡達英＝絵／福音館書店）
- 『よるのびょういん』（谷川俊太郎＝著／長野重一＝写真／福音館書店）

〈昔話の本〉

迫力や凄みのある雰囲気の昔話です。

- 『きんいろのきつね』（おおかわえつせい＝ぶん／あかばすえきち＝え／ポプラ社）
- 『三びきのやぎのがらがらどん』（マーシャ・ブラウン＝え／せたていじ＝やく／福音館書店）

・『イギリスとアイルランドの昔話』（石井桃子＝編・訳／J・D・バトン＝画／福音館書店）

〈子どもの想像を見守る父親の姿が印象的な絵本〉

・『きのうの夜、おとうさんがおそく帰った、そのわけは……』
（市川宣子＝作／はたこうしろう＝絵／ひさかたチャイルド）

〈その他・父親の読み聞かせ向きの本〉

・『もりのなか』（マリー・ホール・エッツ＝ぶん・え／まさきるりこ＝やく／福音館書店）

55ページの解法

まず、皿の取り方が何通りあるかを考える。1皿だと5通り、2皿だと5通り、3皿だと5通り、4皿だと5通り、5皿だと1通り、合計21通りの場合分けができる。1～21のすべての個数を取れることから、「どの個数でもただ1通りの取り方しかできない」「総和は21である」という必要条件が導き出せる。さらに、「1は必要」「2も必要」と絞り込める。あとはフローチャートを作って場合分けをし、答えを導き出す。

フローチャートを作って考える前に、必ず決まる条件＝必要条件を押さえることがコツ。

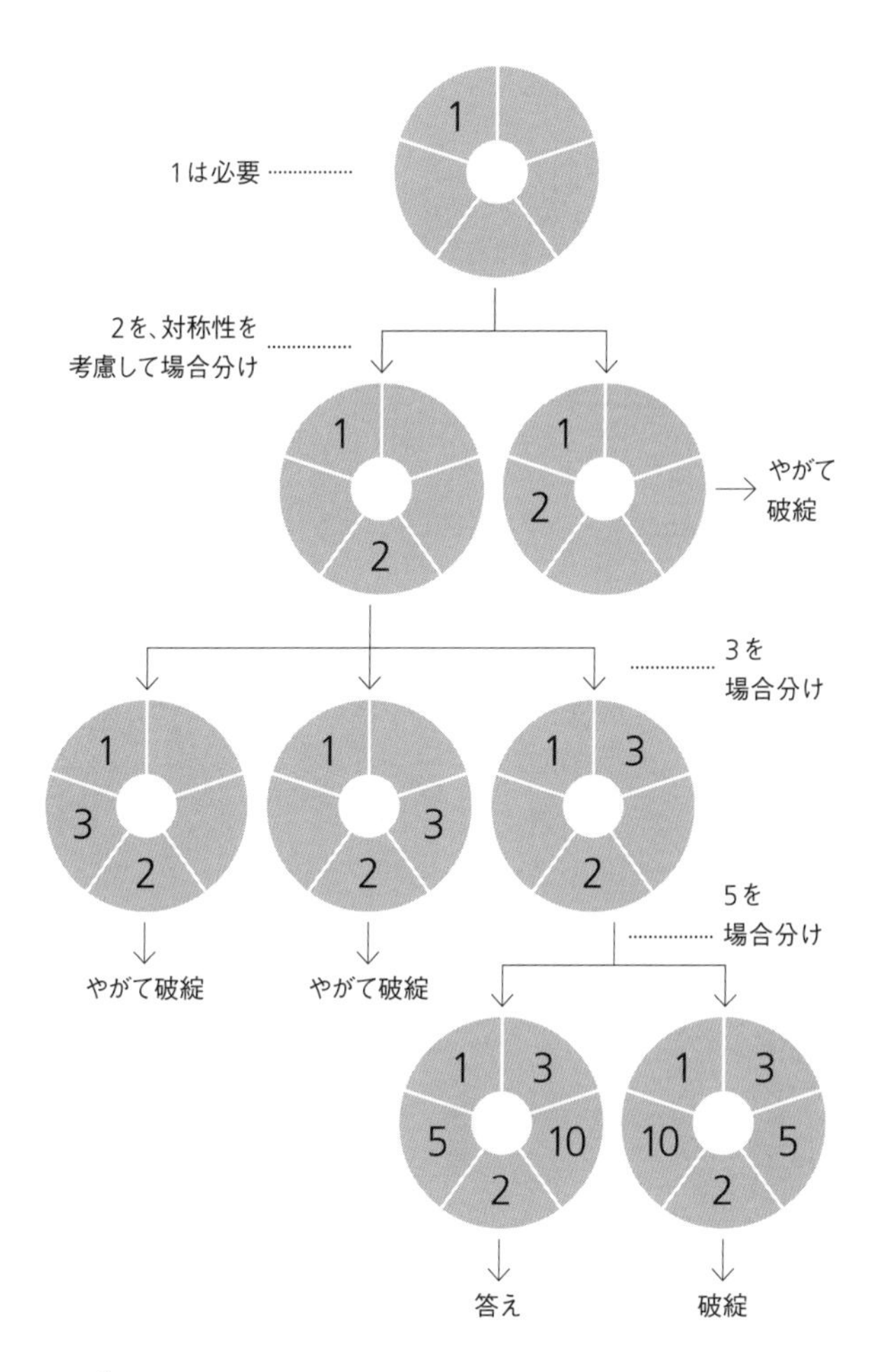
1
1は必要
2を、対称性を
考慮して場合分け
1
2
1
2
やがて
破綻
3を
場合分け
1
3
2
1
3
2
1
3
2
やがて破綻
やがて破綻
5を
場合分け
1
3
5
10
2
1
3
10
5
2
答え
破綻

編集協力　佐藤恵

高濱正伸

たかはま・まさのぶ

1959年熊本県人吉市生まれ。東京大学農学部卒、同大学院農学系研究科修士課程修了。算数オリンピック委員会理事。1993年、「この国は自立できない大人を量産している」という問題意識から、「メシが食える大人に育てる」という理念のもと、「作文」「読書」「思考力」「野外体験」を主軸にすえた学習塾「花まる学習会」（当時は「花まる勉強会」）を設立。チラシなし、口コミだけで、母親たちが場所探しから会員集めまでしてくれる形で広がり、当初20名だった会員数は、23年目で2万人を超す。また、同会が主催する野外体験企画であるサマースクールや雪国スクールは大変好評で、延べ5万人を引率した実績がある。著書に、『夫は犬だと思えばいい。』（集英社）、『子どもを伸ばす父親、ダメにする父親』（角川oneテーマ21）などがある。

ポプラ新書
123
父親ができる
最高の子育て

2017年4月10日 第1刷発行

著者
高濱正伸

発行者
長谷川 均

編集
木村やえ

発行所
株式会社 ポプラ社
〒160-8565 東京都新宿区大京町22-1
電話 03-3357-2212(営業) 03-3357-2305(編集)
振替 00140-3-149271
一般書出版局ホームページ http://www.webasta.jp/

ブックデザイン
鈴木成一デザイン室

印刷・製本
図書印刷株式会社

©Masanobu Takahama 2017 Printed in Japan
N.D.C.379/166P/18cm ISBN978-4-591-15441-0

落丁・乱丁本は送料小社負担にてお取替えいたします。小社製作部(電話 0120-666-553)宛にご連絡ください。受付時間は月～金曜日、9時～17時(祝祭日は除く)。読者の皆様からのお便りをお待ちしております。いただいたお便りは、出版局から著者にお渡しいたします。本書のコピー、スキャン、デジタル化等の無断複製は著作権法上での例外を除き禁じられています。本書を代行業者等の第三者に依頼してスキャンやデジタル化することは、たとえ個人や家庭内での利用であっても著作権法上認められておりません。

生きるとは共に未来を語ること 共に希望を語ること

昭和二十二年、ポプラ社は、戦後の荒廃した東京の焼け跡を目のあたりにし、次の世代の日本を創るべき子どもたちが、ポプラ（白楊）の樹のように、まっすぐにすくすくと成長することを願って、児童図書専門出版社として創業いたしました。

創業以来、すでに六十六年の歳月が経ち、何人たりとも予測できない不透明な世界が出現してしまいました。

この未曾有の混迷と閉塞感におおいつくされた日本の現状を鑑みるにつけ、私どもは出版人としていかなる国家像、いかなる日本人像、そしてグローバル化しボーダレス化した世界的状況の裡で、いかなる人類像を創造しなければならないかという、大命題に応えるべく、強靭な志をもち、共に未来を語り共に希望を語りあえる状況を創ることこそ、私どもに課せられた最大の使命だと考えます。

ポプラ社は創業の原点にもどり、人々がすこやかにすくすくと、生きる喜びを感じられる世界を実現させることに希いと祈りをこめて、ここにポプラ新書を創刊するものです。

未来への挑戦！

平成二十五年 九月吉日　　株式会社ポプラ社